愛的花束

孫麗 主編

序言

　　自古以來，愛情的課題就是人類情感生活中最重要的一部分，上至公卿侯爵下至販夫走卒，都無法逃離它的掌握，舉凡名人、文士對愛情的歌頌或藉由愛情而抒發出的各種哲理名句，多如過江之鯽、不勝枚舉，因此要編纂一部愛情語錄，在拿捏取捨之間，往往想方設法地一而再、再而三的反覆推敲……

　　本書分為愛的本質、愛的魅力、愛與人生、愛與勇氣、愛的解析、愛與性、愛與婚姻、愛的格言等八個篇章，除了激勵人心的愛的名句之外，也選出隱含哲理的思考名言，同時有少量諺語，在在都是精挑細選，相信會給您在認識愛情上有許多幫助，不過遺珠之憾在所難免，有待再編選續篇之際，再予以蒐集。最後，祝福天下有情人終成眷屬！

CONTENTS

序言／*003*

PART 1　愛的本質／*005*

PART 2　愛的魅力／*033*

PART 3　愛與人生／*061*

PART 4　愛與勇氣／*085*

PART 5　愛的解析／*121*

PART 6　愛與性／*159*

PART 7　愛與婚姻／*179*

PART 8　愛的格言／*209*

PART 1

愛的本質

愛是一種心情，

是要把所愛的對象置於自己的眼前與身邊，
希望自己與對方合為一體。

——〔日〕今道友信《關於愛》

如何給愛情下個定義是困難的，

我們只能說：在靈魂之中，

愛是一種占支配地位的激情；

在精神領域，它是一種相互的理解；

在身體方面，它躲在重重神祕之後，

對我們所愛的一種隱祕的羨慕和優雅的占有。

——〔法〕拉羅什福科《道德箴言錄》

愛情使每一個器官發揮出雙倍的效能。

它使眼睛增加一重明亮，

戀人間中的光芒，

可以使猛鷹炫目；

戀人的耳朵聽得出最微細的聲音，

任何鬼鬼祟祟的陰謀都逃不過他的知覺；

戀人的感覺比帶殼蝸牛的觸角，

還要更為微妙且靈敏。

——〔英〕莎士比亞

戀愛乃是魔鬼、火、天堂和地獄。

另外，快樂和痛苦、悲傷和後悔也都居住在那裡。

——〔英〕巴恩弗爾德《牧羊人的滿足》

愛上的猴子也標緻，

看中的狗熊也漂亮。

——蒙古族諺語

令人陶醉的愛的美酒，

是在理性和非理性相互滲透中釀成的。

相互間的戀愛、感情美和理想美等，

以各種不同的比例混合在愛中。

——〔保〕瓦西列夫《論愛情》

在愛情沒有完成它的一切儀式之前，

時間總是走得像一個扶著拐杖的跛子一樣慢。

——〔英〕莎士比亞《無事生非》

哪裡有愛情和忠告，

哪裡就不會有痛苦。

——蘇聯諺語

左右不平衡的載物，

是駱駝的痛苦。

冷熱不正常的愛情，

是精神的痛苦。

——《中外格言》

愛情的報酬永遠是這樣，

要是沒有得到愛的回報，就是一種內心隱藏的輕蔑，
這條定理是真的。

——〔英〕培根

愛情是一種宗教，
信奉這個宗教比信奉別的宗教代價高得多，
並且很快就會消失，
信仰過去的時候就像一個頑皮的孩子，
還得到處闖些禍。

——〔法〕巴爾扎克《高老頭》

愛情不會一直靜止不變。
今天的愛已經不同於昨天的愛，
而且也不能確保明天的愛。
愛情也同乍晴乍雨的天氣那樣捉摸不定，
說不準什麼時候會發生劇變。
憎恨可以變成愛慕，
愛戀也會產生殺機，
被認為是毫無希望的戀愛，
卻在剎那間獲得成功。
愛情可以使賢者失去理智，
使凡夫成為天才，
使野蠻者變成聖人，
也能使常人淪為瘋子。

——〔日〕濱田正秀

對戀人來說，

巴格達也不算遠。

—— 阿拉伯諺語

戀愛除了給人在心理上的積極作用外，

還可因男女雙方間情感上的交流及相互關懷，

而打破人與人之間的孤獨和疏離感。

因此，我始終認為戀愛

是人類追求幸福的一種較合理的方法。

—— 〔奧〕佛洛伊德

愛情總是不那麼講理智的。

—— 〔法〕A·莫洛亞

愛是一種主動活動，

而不是一種被動的情感；

它是「分擔」，

而不是「佔有」。

在最一般的意義上，

愛的主動性特徵，

可用這樣的表述來描述：

愛主要是給予，而不是接受。

—— 〔德〕佛洛姆《愛的藝術》

心裡的祕密，

眼睛會揭發。

——哈薩克諺語

情人的哭聲好聽，仇人的笑臉難看。

——蒙古諺語

愛情與野心一樣，都容不下他人。

——英國諺語

人們常會發現兩個彼此「相愛」的人，

對任何其他人都沒有愛。

事實上，他們的愛是一種兩個人之間的本位主義。

——〔德〕佛洛姆

愛情並非好客的、敞開的；

愛情是懷疑的、排他的、不安的，

而且是嫉妒的。

——〔法〕Ａ・莫洛亞

自我折磨或折磨別人，

兩者缺一，戀愛就不存在。

——〔法〕雷尼埃

如果你從未感到，

在你心裡一個女人的目光點燃了一個靈魂，
那你就是從未愛戀過……
——〔法〕雨果

假如愛只是一種本能，

也就是生物的，非理性的，

那麼，愛本身也就不會具有精神文明的魅力了，

也就是只表現為性慾衝動。

假如愛是純理性的，

愛的發展僅僅靠思維，

那麼，這種愛永遠也不會有感情衝動，

愛的生命力同時也就完結了。

——〔保〕瓦西列夫《論愛情》

對於男子的甜言蜜語，

你只要相信三分之一就好了。

——〔法〕莫泊桑

男人不發誓還好，

指天一發誓，

女人就背叛他了。

——〔英〕莎士比亞

人一進入戀愛階段，

就連原本最相信的事也會懷疑。

——〔法〕司湯達爾

愛情的開始與生命的開始，

頗有些戀人的相似之處。

我們不是用甜蜜的歌聲與和善的目光催眠孩子嗎？

我們不是對他講奇妙的故事，

點綴他的前程嗎？

希望不是對他老展開著光明的羽翼嗎？

他不是忽而嘻笑，忽而哭泣嗎？

他不是為了一些無聊的小事爭吵嗎？

他不是拼命抓住時間，急於長大嗎？

戀愛是我們第三次的脫胎換骨。

童年與愛情簡直是同一樁事情。

——〔法〕巴爾扎克

愛情的酒甜而苦。

兩人喝，是甘露，三個喝，是酸醋；

隨便喝，便要中毒了。

——陶行知

最芬芳的花蕾中有蛀蟲，

最聰明的人心裡，才會有蛀蝕心靈的愛情。

——〔英〕莎士比亞

在戀愛中的男人，

他深深相信在這女子的身上，
有著他所欲求的一切美好。

——〔法〕大仲馬

愛情既合乎理性又不合乎理性，
既是出於本能又受到思想的鼓舞，
既有生物性又有社會性。
它把人的本性的許多方面結合起來。
如果愛情僅僅出於本能，
即僅僅具有生物性，
而不合乎理性，
那麼它就不會蘊含著精神文明的魅力，
它就會僅僅表現為一時的激情。
如果愛情僅僅是理性的，
僅僅是來自於思想，
那它就永遠無法振奮心靈，
它的生命力也就枯竭了。

——〔保〕瓦西列夫《論愛情》

愛情是唯一不能容忍有過去或將來的情感。

——〔法〕巴爾扎克

有限度的期待，
在戀人的心理上是甜蜜的。

——〔德〕歌德

愛情也需要「營養」──

它需要會面、想念、親近。

──〔蘇〕列昂尼多娃《致窈窕少女》

愛情只知道它本身，
它只信仰自己的宗教，
只受自己法律的約束，
愛情的法律是自由的。
　　──〔黎〕紀伯倫

最無情的深淵乃是愛情。
即使是能在海難中倖免的人，
也逃不過她的引誘……
　　──〔法〕雨果

不踏上愛情的小徑，
不可能走進情人的心靈。
　　──保加利亞諺語

愛情不可能長期地隱藏，
也不可能長期地假裝。
　　──〔法〕拉羅什福科《道德箴言錄》

愛情如上帝，

常常無法看見，卻又無時不在。

——〔法〕雨果

戀愛的人總是要麼一切都不懷疑，
要麼就是懷疑一切。

——〔法〕巴爾扎克

在愛情方面，
別有用心的虛假總比真面目可愛，
就因為如此，
才有許多男人肯在一般手段高明的女騙子身上揮金如土。

——〔法〕巴爾扎克

我願意是樹，如果妳是樹上的花；
我願意是花，如果妳是露水；
我願意是露水，如果妳是陽光……
這樣我們就能夠結合在一起。
而且，姑娘，如果妳是天空，
我願意變成天上的星星；
然而，姑娘，如果妳是地獄，
我願意永墮地獄之中。

——〔匈牙利〕裴多菲

愛：

就是顯微鏡加望遠鏡。

——〔美〕基爾·凱絲勒《如何找個好丈夫》

戀愛除了給人在心理上的積極作用外，
還可因男女雙方間情感上的交流及相互關懷，
而打破人與人之間的孤獨和疏離感。
因此，我始終認為
戀愛是人類追求幸福的一種較合理的方法。
　　——〔奧〕佛洛伊德

真正的愛情不會隨白髮而衰老。
　　——法國諺語

人的渴望是無限的，
他的能力與活動範圍卻是非常有限的。
於是，他在自己心靈裡
埋頭創造自己能夠愛的那些渴望的形象。
　　——〔印度〕泰戈爾

缺乏內在美的人，
通常總是極力顯示外在美，
想方設法地去討得別人喜歡。
　　——〔蘇〕蘇霍姆林斯基

愛情，好像顯影劑，

使一個人身上所有好的、所有美的都閃出光來。

——〔蘇〕列昂尼多娃《致窈窕少女》

眼神是女子們常用以補充她們對於一個男子的意見的。

——〔法〕小仲馬《茶花女》

愛情之火經常需要添加好的燃料——

需要多方面的精神生活，如果沒有這種種的「燃料」，

愛情將會迅速熄滅或者冒出濃煙，

使你的家庭和別人都一起遭殃。

——〔蘇〕蘇霍姆林斯基

愛是戴著眼鏡看東西的，

會把黃銅看成金子，

貧窮看成富有，

眼睛裡的斑點看成珍珠。

——〔西〕塞萬提斯

愛情應該是以忘我為前提的，

並要為自己所愛的對象謀求幸福。

——〔英〕雪萊

．隆尼．漢彌頓女士愛瑪肖像畫

戀愛之後最幸福的事，

便是坦白自己的感情。

——〔法〕紀德

我們可以給浪漫愛情下一個簡單的定義：

愛情是男女之間情感、精神、性的互相結合，

是個人的價值實現的途徑。

——〔美〕納撒尼爾·布拉登

戀愛是對異性美所產生出來的一種心靈上的燃燒情感。

——〔英〕蕭伯納

愛情和咳嗽都無法隱藏。

——英國諺語

真正的愛情是專一的，

愛情的領域是非常狹小，

它狹小到只能容下兩個人生存；

如果同時愛上幾個人，

那便不能稱做愛情，

它只是感情上的遊戲而已。

——〔德〕席勒

愛神的本質是微妙的液體，

因為它出入於人的心靈而不讓人發覺；
愛神的膚色像鮮花，因為它生活在芬芳之中、花叢之中。
——〔法〕丹納《藝術哲學》

有人說，愛情是盲目的。
但是，這種說法看來只有在這樣一種意義上才是正確的，
亦即真正的愛情除對愛人之外，
對其他人都是視而不見的。
不過，對戀愛中的人來說，
真正的愛情從來都不會是盲目的，
相反地，卻是十分敏銳的。
——〔蘇〕蘇霍姆林斯基

愛在本質上應是一種意志行為，
是一種用自己全部的生命去承諾另一個生命的決心。
——〔德〕佛洛姆《愛的藝術》

如果男女雙方都為愛情犧牲自我，
最後會有什麼樣的結果呢？
我也不敢肯定，
但很可能會造成可惜的空虛吧？
——〔德〕尼采

愛情是一種甜蜜的暴虐，

它使人心甘情願地受折磨。

—— 英國諺語

愛情不是什麼可以節省的東西，

它不像晚禮服只有在特定的日子才穿，

愛情的芳香必須是每時每刻都洋溢著的。

—— 〔義〕蘇菲亞・羅蘭《女人的魅力》

難道愛情同智慧有什麼相同之處嗎？

在一個妙齡女子身上，

我們所愛的是全然不同的東西。

我們所愛的是她的美、青春、潑辣、輕浮、個性，

是她的錯誤、乖僻，

以及許多其他莫名其妙的東西。

—— 〔德〕歌德

愛情的視覺不是眼睛，而是心靈。

—— 〔美〕富蘭克林

愛情就是從眾多的人當中，

選出一個男人或一個女人，

然後絕不再理會其他異性的行為。

—— 〔俄〕托爾斯泰

愛情，

不是一顆心去敲打另一顆心，
而是兩顆心共同撞擊的火花。
——〔蘇〕伊薩科夫斯基

愛情裡面如果摻雜了和它本身無關的算計，
那就不是真的愛情。
——〔英〕莎士比亞

愛情並不是溫室裡的花朵，
它是在大自然中偶然萌發的。
說它是精心培植的玫瑰，
倒不如說是一朵野花，
它是羞怯、樸素的。
它應該激發靈感和愉悅，
但不應被奉作神明。
如果我們將它移植，
過分地照管，時時干擾，
它也許會夭折。
反而是寬容的態度和溫暖的環境倒能使它怒放，
讓我們時刻驚喜萬分。
——〔義〕蘇菲亞・羅蘭 《女人的魅力》

你問我愛是什麼？
愛就是籠罩在晨霧中的一顆星。
——〔德〕海涅

愛情的烈焰，

你越是把它遏制，
它越是燒得厲害。
——〔英〕莎士比亞

真實的愛情有如鬼魂，
大家都在談論這種東西，
但是很少有人真正看見過它。
——〔法〕拉羅什福科《道德箴言錄》

愛一個人意味著什麼呢？
這意味著為他的幸福而高興，
為使他能夠更幸福而去做需要做的一切，
並從這當中得到快樂。
——〔俄〕車爾尼雪夫斯基

愛情是不用眼睛而用心靈看著的，
因此生著翅膀的丘比特，
常常被描寫成是盲目的。
——〔英〕莎士比亞

誰要想摘玫瑰，
誰就不要怕刺。
——伊朗諺語

真正的愛，

意味著不僅對美的享受，
而且要去創造美。

——〔蘇〕蘇霍姆林斯基

愛情的祕密不是產生於某種崇高的、天上的東西，
而有其平凡的、塵世的根源。
愛情被迫變成一種祕密的愛情，
結果使愛情不能認識它自身，
而給愛情的本質披上一層神祕的罩紗。

——〔蘇〕沃羅比約夫

愛情不就是因為所愛的人的快樂而快樂，
因為他的痛苦而痛苦嗎？

——〔俄〕車爾尼雪夫斯基

嫉妒往往和愛情同時發生。

——〔法〕拉羅什福科《道德箴言錄》

愛是一種喪失，一種絕念。
當把所有的愛都付給對方時，
也就是你最富有之時。

——〔德〕庫果

人類愛情的奇蹟，

就在於人能在單純的本能和慾念的基礎上，
修築起細微複雜的感情大廈。

——〔法〕Ａ・莫洛亞

愛本質上非為個人與另一特定人之間的關係。

它是一種態度，一種性格傾向，

它決定著個人與整個世界

而不是某個所愛的「對象」之間的關聯。

真誠地愛一個人意味著愛所有的人，

愛世界，愛生活。

——〔德〕佛洛姆

只有向愛情屈服過以後才真正認識愛情：

它做著自我犧牲的時候才是人生最了不得的寶物。

倘使它僅僅是對於幸福的追求，

那麼它就是最無聊的、最欺人的東西。

——〔法〕羅曼・羅蘭

愛情離開了幻想，

好像人沒有食糧一樣。

愛情需要熱情的培養，

不管是生理上的愛情也好，

精神上的愛情也罷。

——〔法〕雨果

愛情創造平等，

但不追求平等。

——〔法〕高乃依

愛是連生命都要奪取的，
燃遍全身的熱望。
——〔日〕今道友信

愛情進入人的心裡，
是打罵不出去的；
它既然到了你的身上，
就要占有你的一切。
——〔英〕莎士比亞

愛情是一種不能解釋的神祕。
不管什麼束縛，什麼困苦，
不管世人對它怎麼厭惡；
把它整個埋葬在歪曲它、敗壞它的山般高、
海般深的成見之下，
把它從一切最骯髒的垃圾堆中拖來拉去，
可是愛情，牢不可拔的、致命的愛情，
仍然不失其為一種神聖的法則，
它的威力之大和不可思議，
並不下於那太陽高懸在空中的引力法則。
——〔法〕謬塞

愛情也是人類的一種飢餓感，

是一種不可名狀的內心需求。

——〔蘇〕尤里·留利柯夫

愛情的幸福按其本性是純屬個人的，

但只要一忘記我的幸福應該給別人帶來幸福，

只要一忘記在愛情中索取的不應該比付出的多，

愛情就會變成不幸，

變成悲劇，毀掉生活。

——〔蘇〕蘇霍姆林斯基

星星們動也不動，

高高地懸掛在天空中，

千萬年彼此相望，

懷著愛情的苦痛。

——〔德〕海涅

真正的愛情，

即使得不到回報，

也仍舊是愛情，

甚至是偉大的愛情。

正因為愛情遭到拒絕，

不被別人理解，

它有時反而迸發出極大的力量。

——〔保〕瓦西列夫《論愛情》

一個戀愛中的人，

可以踏在隨風飄蕩的蛛網上而不會跌下，
幻想中的幸福使他靈魂飄飄然。

——〔英〕莎士比亞

對情人的直覺評價有時是驚人的透徹和準確，
它使心靈和理智都預感到幸福，
這種透徹和準確並不違背理智。
直覺就是一種潛在的、十分敏銳的邏輯。

——〔蘇〕沃羅比約夫《愛的哲學》

愛情是一種決鬥，
如果你左顧右盼，心不在焉，
那就一定會落敗無疑。
切記：全神貫注則無往不利。

——〔法〕羅曼・羅蘭

愛情並沒有也不可能會有一個固定的標準，
而是因時而異，因地而異，因人而異的。

——〔蘇〕尤里・留利柯夫

愛絕對不是感情上的消遣，
而是一種精神上的鼓勵。

——〔美〕傑弗遜

在熱戀之中，

人往往都喜歡為自己臆造出一座海市蜃樓，
並以此來愉悅自己！
——〔蘇〕尤里·留利柯夫

在戀愛中的男人，

為了想博取愛人的歡心，

就會把自己所有的優點，

譬如：容貌、風度、學識、財力、地位、名譽等等，

儘量地表現出來。

這真像動物園裡的雄孔雀，

為了要誘惑雌孔雀，

就貫注全身之力，

將美麗的羽毛盡可能地展開。

——〔俄〕托爾斯泰

愛情的實質在於不斷重新發現理想，

永遠感到情感的「飢渴」，

在接觸到美時感到無限的令人陶醉的快樂。

——〔保〕瓦西列夫《論愛情》

對男人來說，

最大的侮辱莫過於被說成是蠢才，

對女人來說，

最大的侮辱莫過於被說成是醜陋。

——〔德〕康德

真正的愛情是一股神祕的力量，

它使人上升到光明的峰頂。

——〔保〕瓦西列夫《論愛情》

真正的愛情

就彷彿是在理性和非理性的迷離交錯的小徑上，

做富有浪漫色彩的、神話般的漫遊。

——〔保〕瓦西列夫《論愛情》

愛情是一種永久的信仰。

一個人信仰，就因為他信仰，

上帝存在與否是沒有關係的。

一個人愛，就因為他愛，

用不著多大的理由。

——〔法〕羅曼·羅蘭

‧波提且利‧維納斯的誕生

貞潔高尚的女性很少迷惑男性，

正像親切溫良的男性反而不會吸引女性一樣。

——〔日〕鶴見祐輔

人心這東西是奇怪的和不可理解的，

但是現在我比任何時候都更真切地感覺到，

愛是唯一值得紀念的，

當其餘的東西都消失的時候，

它也將永遠存在。

——〔德〕威廉・格林

真正的愛情，

世上能理解的甚為稀少。

它能把愛的對象神格化，

它用忠誠和熱情維持自己的生命；

在它看來，

最巨大的犧牲便是最甜蜜的幸福。

——〔法〕雨果

愛情就其最內在的本質而言，

總是希望一切都沒有任何限制，

因此，恰如其分的行為，

一切中庸適度的行為對於戀愛來說，

是讓人反感、讓人難以忍受的。

——〔奧〕褚威格《愛與同情》

PART 2

愛的魅力

沒有魅力的美，

就如同沒有魚餌的釣鉤。

——〔美〕愛默生

初戀的愛情只需要極少的養料，

只消能彼此見到，

走過的時候輕輕碰一下，

心中就會湧出一股幻想的力量，

創造出美麗的愛情，

一點兒極無聊的小事就能銷魂蕩魄。

但將來因為逐漸得到了滿足而逐漸變得苛求的時候，

終於把欲望的對象完全占有了之後，

可就沒有這種境界了。

——〔法〕羅曼·羅蘭

沒有德性的美貌，

轉瞬即逝；

可是在你的美貌中，

有一顆美好的心靈，

所以你的美貌常在。

——〔英〕莎士比亞

臉是心靈的肖像。

同時是心靈的繪畫。

——拉丁諺語

矯揉做作，

失去真實的不是美，
充滿了富貴榮華的名利思想，也不是真美。

——〔法〕孟德斯鳩

一個沒有內在美的人，
通常總愛賣弄自己的外在美，
想方設法討人喜歡。
這種心理乃是精神上貧乏、
自己在理智和審美觀發展上有局限的人所固有的。

——〔蘇〕蘇霍姆林斯基

美都是從靈魂深處發出的，
因為大自然景象不可能具有絕對的美；
這種美是隱藏在創造或者觀察它們的那個人的靈魂裡。

——〔俄〕別林斯基

美麗使你引起別人的注意，
睿智使你得到別人的賞識，
而魅力，卻使你難以被人忘懷。

——〔義〕蘇菲亞·羅蘭《女人的魅力》

人並不是因為美麗才可愛，
而是因為可愛才美麗。

——〔俄〕托爾斯泰

世界上最高貴的東西，

莫過於一個完美無瑕的女人。

——〔美〕羅威爾

你應當在身體的長處上加上智慧。

美是容易消殘的東西：

它跟著歲月一年一年地消滅下去；

它不停地一年一年地壞下去。

紫羅蘭和百合不是永遠開著花的；

而薔薇一朝凋謝後，

它的空枝上就只剩下刺了。

你也是這樣的，

美麗的年輕人，

你的頭髮不久也會變白，

你的臉上不久也會起皺紋，

現在且培養你的智慧，

它是經久的，

而且可以做你的美的依賴：

它是伴你到墳頭的唯一的瑰寶。

——〔古羅馬〕奧維德《愛經》

光有一張漂亮的面孔與優美的身姿的男人，

並不能使成熟的女性感到滿足。

——〔義〕蘇菲亞・羅蘭《女人的魅力》

女人在最初的激情中愛她的戀人，

而在隨後的激情中，則是愛愛情的本身。

——〔法〕拉羅什福科《道德箴言錄》

當一個女人的風韻反映她的性格，

二者和諧一致，

尤其是聽憑這份風韻自然表現的本人，

並沒有矯揉做作時，

那麼，這便是十全十美的風韻所產生的效果了。

——〔法〕司湯達爾

時髦，是兩性關係中一種社會心理上的吸引形式。

它潛在著各種的可能性：

從理智的美學手段到放肆的色情引誘。

——〔保〕瓦西列夫《論愛情》

美好比寶石，

它在樸素背景的襯托下反而更華麗。

同樣，一個打扮並不華貴，

卻端莊嚴肅而且具有美德的人，

是令人肅然起敬的。

——〔英〕培根

在美的方面，

相貌的美往往高於色澤的美，
而優雅舉止之美又高於相貌之美。

——〔英〕培根

我們雖然夢想有一種純潔高尚的戀愛，
但是任何愛情都在無意識之中摻雜著許多不純的因素。
這些滲混著的雜質，
有時是本能、有時是瘋狂、
有時是虛榮心、有時是支配慾，
有時是這些東西的複合力，
驅使著人們行動。
然而，一旦這些複合要素一經分離，
愛情的力量便急速減弱，
以至於停滯崩潰。
如同認為崇高的感情是一種混合的感情一樣，
純潔的感情也是一種複合的感情。

——〔日〕濱田正秀《文藝學概論》

美麗是可以在一小時之內被發現、被愛上，
而在同樣的時間裡卻又可以不被愛上的，
而愛一個靈魂卻需要長時間。
世界上是沒有不通過勞動而能得到的東西的，
愛又何嘗不然。

——〔俄〕托爾斯泰

世上最耀亮、最脆弱的東西有兩種：

一種就是女人的臉，
而另一種則是陶器。
——〔英〕史威夫特

我寧願要那種雖然看不見，
但卻表現出內在本質的美。
——〔印度〕泰戈爾

最樸素的往往最華麗，
最簡單的往往最時髦，
素妝淡抹常常勝過濃妝艷抹。
——〔法〕A·莫洛亞

愛情，是一種偶然的機緣，
它像藝術一樣，
是本身就存在著的；
像大自然一樣，
是無須加以辨別的。
——〔俄〕屠格涅夫

對於愛情來說，
最不能容忍的是虛偽。
——〔蘇〕蘇霍姆林斯基

光是靠漂亮是不能獲得這一切的，

但你若是加上魅力，
你就有了不可抗拒的吸引力。

——〔義〕蘇菲亞‧羅蘭《女人的魅力》

有一種愛情，

因為對真理與博愛感到關切，

反而把個人放在一邊，

不斷地展緩實現個人的期望

（其實這種期望或者也似乎是合理的），

因而情調轉變了，

這樣的愛我覺得有一種莊嚴偉大。

——〔美〕愛默生

一個年輕男子戀愛的第一個徵兆是柔順；

而一個女子卻是勇敢。

戀愛使兩性間有互相接近的傾向，

互相探取對方的品質。

——〔法〕雨果

愛情是一個有絕大威權的君王，

我已經在他面前甘心臣服，

他的懲罰使我甘之如飴，

為他服役是世界最大的快樂。

——〔英〕莎士比亞

當愛神拍你的肩膀時，

就連平日不知詩歌為何物的人，
也會在突然之間變成一位詩人。
——〔古希臘〕柏拉圖

有人要問，
那你認為愛情也是一種藝術囉？
對此我回答說：
生活的每一部分，不僅是愛情，
都應當成為藝術。
——〔美〕鄧肯《鄧肯自傳》

在舊的愛情還沒有完全消失的時候，
新的愛情就萌芽了，
使人感到非常愉快。
這正像落日蒼茫的時候，
新月從對面出現，
看見日月雙懸的兩重光輝而歡悅不勝那樣。
——〔德〕歌德

愛情永不宜在情人面前搬弄，
永不要對她說出你的心意；
你只看那輕輕吹動著的微風，
它總一聲不響，不露形跡。
——〔英〕布萊克

・佩魯及諾・聖母聖子及二天使

輕而易舉地占有一個女人，

在大多數情況下都會降低愛情的品質。

——〔保〕瓦西列夫《論愛情》

要想在某一個人身上找到絕對的完美無缺自然是徒勞的，

因為取代心靈激情的清醒理智，

與愛情的本質是互相對立的。

具有一切優點的人至少在目前是並不存在的。

——〔蘇〕沃羅比約夫《愛的哲學》

維納斯固然代表愛，

卻還不只是愛，

在愛這個性格以外，

她還有自己的個性，

因而她能愛慕也能怨恨。

難怪她在詩人的作品裡往往怒火大發，

特別是點燃這怒火的正是受到損害的愛情。

——〔德〕萊辛

由於失戀而一蹶不振，這有失體統。

深深的愁苦、悲痛都是為了磨鍊你們的意志。

這種磨鍊越是痛苦，越應該忍耐，

一旦克服、戰勝了它，

你人生的價值就會比原來提高一大步。

——〔日〕武者小路實篤《人生論》

在戀愛時，想必不會有人認為——

「即使失戀也沒有什麼」。

如果懷有如此的優閒感，那他絕不是在戀愛。

——〔日〕武者小路實篤《人生論》

相思之苦和愛情的煩惱是人的心靈受到最厲害的折磨。

……還有，

另外一種比害相思、比渴望愛情更加嚴重的折磨，

那就是違背自己的意願而為人所愛，

並且無法抵禦這種別人硬湊上來的激情。

——〔奧〕褚威格《愛與同情》

如果表情使人對所表達的情感捉摸不定，

那麼，這個表情就是無力的或者是虛偽的。

——〔法〕狄德羅

要在現實生活找尋一些不朽的和絕對的愛情，

無異於到廣場上去找尋和維納斯一樣美的婦人，

或者是要夜鶯唱出貝多芬的交響樂。

——〔法〕謬塞

既然失戀就必須死心，

這就好像是斷線而去的紙鳶，

既已斷線，就無法再接上去了。

——〔法〕巴爾扎克

姿色漂亮在婚前，

聰明才智用一生。

——蘇聯諺語

說實話，去占有一個年輕的含苞待放的心靈，

真是莫大的快樂！年輕的心靈好像一朵鮮花，

在第一道陽光的照耀下，散發出最沁人心脾的芳香。

——〔俄〕萊蒙托夫《當代英雄》

有許多婦女似乎並不具備奪目的外表，

但同時卻能吸引人，使人十分喜愛，

其祕密就是精神上的魅力和真正的女性氣質。

在一切可構成婦女外在美的東西中，

占第一位的是精神氣質。

——〔蘇〕蘇霍姆林斯基

一個風流的少女，

很早就了解了愛情，

對於愛情的波瀾和苦惱，

也都早已習以為常了。

當她到了真正熱情奔放的年齡，

那種新鮮的迷戀的氣味便喪失殆盡了。

——〔法〕司湯達爾《紅與黑》

美麗是女人的真正特權。

我們男人的相貌除非在年輕無鬚時，

否則與之相比都會黯然失色。

——〔法〕蒙田《人生隨筆》

我們不應該完全忽略我們本性中原始的動物性成分，

我們不要忘記，

個人的快樂絕對不應該成為我們文化目標的犧牲品。

——〔奧〕佛洛伊德

女人之所以富於誘惑力，

並不只是由於有了合乎標準的外表，

因為得天獨厚，

外表不差的女人，

我們有時並無動於衷，

導致我們去愛她的那種魔力也是千差萬別各式各樣的，

其實只消魔力二字，就足以說明一切了。

——〔法〕德拉克羅瓦

風格是買不來的，

有些人天生具備，

有些人靠後天培養，

但在任何情況下，

體現風格都不取決於昂貴的開銷。

——〔義〕蘇菲亞‧羅蘭

即便用十二把鎖，

把「美」牢牢地鎖在密室，
「愛」也照舊能把鎖個個打開而直接闖入。
——〔英〕莎士比亞

世上一切都通過我們肉體的生命——
這個不可思議的旅程來實現，
要感覺它、認識它是多麼神祕莫測！
最初是一個羞澀脆弱的少女，
當初我就是這樣的；
然後就變成強壯的亞馬遜女戰士；
然後又變成頭戴葡萄冠的酒神女祭司，
充滿了醇酒，在耽於肉慾的森林之神一躍之下，
癱軟地、毫無抵抗地倒在地上了；
彷彿全身在發育、在膨脹；
那柔軟迷人的肉體在增長壯大，
稍稍一點點愛的激勵都可以感受得到，
敏感地把一陣快樂的衝擊傳遍全身的神經系統；
愛情像一朵盛開的玫瑰，張開肉感的花瓣，
要猛烈地抓住落入其中的俘獲物。
我生活在我的肉體之中，
雲彩裡燃燒著烈火，反應著情慾。
——〔美〕鄧肯《鄧肯自傳》

應該把初吻作為一種奉獻，
不要把它作為一種施捨。
——〔英〕約翰·柯里斯

所謂初戀，

就是只在心裡懷著朦朧嚮往的一種情愫。

——〔美〕貝克

還有什麼比平靜、完美的愛情更同她們的天性相悖的嗎？

她們渴望激動，

沒有風暴的幸福在她們來說不是幸福。

心胸廣闊，能在愛情中兼收並蓄的女性十分罕見，

好比男人中出類拔萃的天才一樣稀少。

偉大的激情有如傑作一樣寥寥無幾。

——〔法〕巴爾扎克

靈活而容易隨機應變的女人，

好比一道沒有固定形狀的水。

她所遇見的各種心靈，

對於她彷彿各式各樣的水瓶，

可以由她為了好奇，

或是為了需要，

而隨意採用它們的形式。

她要有什麼格局，

就得借用別人的。

她的個性便是不保持她的個性。

她需要時常更換她的水瓶。

——〔法〕羅曼·羅蘭

外表的結合如同過眼雲煙，

心靈的結合才能歷久彌新。

——歐洲諺語

真正的美，

是美在它本身能顯出奕奕的神采。

愛好時髦是一種不良的風尚，

因為她的容貌是不會因她愛好時髦而改變的。

——〔法〕盧梭《愛彌兒》

人的美並不在於外貌、衣服和髮式，

而在於他的本身，在於他的心。

要是人沒有內心的美，

我們常常會厭惡他漂亮的外表。

——〔蘇〕奧斯特洛夫斯基

戀愛，尤其是初戀，

等於是少女們的危險陷阱，

如果少了處世經驗和對戀愛生活的認識，

她們是很容易跌落陷阱，而不能自拔的。

——〔法〕巴爾扎克

初戀好似麻疹，

不管誰都要經歷一番。

——〔日〕長谷川如是閑

女孩們！
以男人的職業為擇偶條件是錯誤的，
重要的是，要清楚他對什麼有熱情，
他的生活目的是什麼。
——〔日〕藤本義一

強烈的熱情，
對於第一個遇到的對象，
一張僅僅見過一次的臉，
一個人名，或者只是一個姓氏，
一朝依戀之後，再也割捨不掉。
而且那些熱情硬要人相信：
他的心再也少不了它所選擇的對象。
他整個人都被占據了。
——〔法〕羅曼‧羅蘭

初戀不過是少量的愚蠢，
加上大量的好奇心而已！
——〔英〕蕭伯納

青春年華，

便是最最強烈的催情劑。
歌德説：「喝了這帖湯劑，你看哪個女人都是海倫。」
——〔法〕A·莫洛亞

隨著青春期的到來，
年輕人膽怯開始了一個新的生活時期。
第一個吻輕輕擦過前額或面額，
嘴唇在悄悄地互相尋找。
第一步既然已經邁出，
走向異性的腳步便不會中止。
——〔瑞士〕費蓋爾·哈林

當羞怯的初戀的紅暈開始出現在臉龐上的時候，
這對周圍的人就應該是一個信號，
應該是要求真心實意地關懷未成年人的一個預警信號：
注意！愛情已經萌芽了！
——〔保〕瓦西列夫《論愛情》

萌動的春情之所以美好，
就在於它既不意識自己的產生，
也不考慮自己的終結；
它是那麼歡樂而明朗，
竟察覺不到它會釀成災難。
——〔德〕歌德

初戀的確會在心中留下難忘的刻痕。

但是，有多少人終生不再戀愛，終生不嫁不娶？

——莫達爾《愛與文學》

初戀，在現實中雖沒有結果。

但在回憶中它卻是朵永遠不凋的花朵。

就如一幅畫，

以適當的距離鑒賞的話，

它的色彩即使是淡淡的，

也會覺得它是最好的。

——〔日〕白石浩一

初戀本來就是一種戀愛的感情，

它和與生俱來的情感、

青春期的情感或以後戀愛時的情感都不一樣。

——〔日〕白石浩一

初吻並不能當作永久相愛的保障，

但它卻是蓋在生命史上的一個永久記憶的印象。

——〔法〕雨果

貞潔跟美貌碰在一起，

就像在糖裡再加蜜。

——〔英〕莎士比亞

一旦愛上了貓頭鷹，

就覺得她比天鵝還要美妙。

——俄羅斯諺語

愛情只有當它是自由自在時，才會葉茂花繁。

認為愛情是某種義務的思想只能置愛情於死地。

只消一句話：你應當愛某個人，

就足以使你對這個人恨之入骨。

——〔英〕羅素

要和一個男人相處得快樂，

你應該多多了解他而不必太愛他；

要和一個女人相處得快樂，

你應該多愛她，卻別想要了解她。

——〔英〕莎士比亞

對愛情的理論上的闡釋往往是自相矛盾的、

彼此抵觸的、互不相容的：

愛情是理智的；愛情是瘋狂的；

愛情使人高尚；愛情使人卑下；

愛情賜予快樂；愛情帶來痛苦；

愛情使人豐富；愛情使人空虛。

——〔保〕瓦西列夫《論愛情》

短暫的分離使愛情高漲；

長期的分離使愛情快速滅亡。

——〔法〕米拉波《書簡》

人們在愛情生活中必須自主，

否則就不會有真正的愛。

我指的不是隨心所欲地做任何事，

那樣勢必撕裂雙方間的愛情紐帶，

我是指應允許你的愛人擁有自我。

但我們得承認，

自己的丈夫或情人畢竟不是自己的一部分，

他們當然有權利擁有一些無傷大雅的嗜好。

——〔義〕蘇菲亞‧羅蘭《女人的魅力》

幼兒的愛遵循著這樣一條原則：

「我愛因為我被愛。」

成年人的愛則遵循這個原則：

「我被愛因為我愛。」

不成熟的愛說：

「我愛你因為我需要你。」

成熟的愛則說：

「我需要你因為我愛你。」

——〔德〕佛洛姆《愛的藝術》

愛情不是理性的勝利，

而是愚蠢的凱歌。

——〔荷蘭〕埃拉斯穆斯

你在初嘗戀愛的滋味時，
本來也是尋常血肉做的女子都變成你的仙子。
你所理想的女子的美點她都應有盡有。
一言以蔽之，戀愛中的對象是已經藝術化過的自然。
——朱光潛

我認為，愛情容不得無情的細察，
如果我們總是對它考驗、檢查、比較，將之無情解剖，
我們的愛情就會變得孱弱，最終消逝。
——〔義〕蘇菲亞・羅蘭《女人的魅力》

愛情不僅把愛者的形象美化，
而且把周圍的一切：
房屋、樹木、山嶺、牧場、
空氣、天空、月亮、星辰、空間——
把整個宇宙都美化了。
就像金色的光芒以神奇的魅力，
使人們和萬物生輝一樣。
——〔保〕瓦西列夫《論愛情》

・雷奧納多・蒙娜麗莎

愛情的野心使人備嘗痛苦，

希望和獅子匹配的馴鹿，必須為愛而死。

——〔英〕莎士比亞《終成眷屬》

戀愛是快樂的，

然而有時卻也充滿著痛苦、悲傷和煩惱。

其原因乃在於男人的「愛」，

和女人的「愛」之間有著極微妙的差異，

若不能體會認清，就會引起諸多的麻煩。

——〔日〕白石浩一《戀愛心理學》

因為戀愛的對象是異性，

並且很可能是完全陌生的異性，

比起別的感情來，

就多了一些神祕的感覺和幻想的成分，

同時也平添了些許的美感和浪漫的氣氛。

——趙淑俠《紫楓園隨筆》

不害相思，幸福就沒你的份。

把愛情趕出了生活，

你就趕出歡樂。

一帆風順的愛情，

其實相當乏味。

——〔法〕莫里哀

世界上有價值的東西只有愛。

——〔俄〕托爾斯泰

如果有兩個素昧平生的人，

有一天突然發現他們之間的隔閡消失，

彼此非常接近，感到有結合為一體的強烈要求，

那麼，這種親密相融的瞬間

將是他的一生中最激動、最興奮的時辰。

有的人長期被隔絕，他們孑然孤立，

從未體嘗愛的滋味，

對於他們，愛的體驗更是神妙銷魂。

如果再加上性吸引與性行為，

這種突然爆發的親密會發展成更大的奇蹟。

不過，此類愛情本質上就是轉瞬即逝的。

兩個人彼此愈熟悉，

他們的結合就愈將喪失其神奇魅力，

直至最後相互間的反感、

失望和厭惡情緒把殘存下來的激動興奮一掃而光。

——〔德〕佛洛姆《愛的藝術》

熱戀中的男女

總是透過相互理想化和精神裝飾化的棱鏡看待對方。

他們看到或者覺得，他們的對方一切都好，

都美，甚至可以說是神聖的。

——〔保〕瓦西列夫《論愛情》

戀愛和經商都會教人怎樣說話。

——英國諺語

莎士比亞並沒有塑造人類愛情的某種刻板的標準。

在他的作品中，男女之間愛情的多樣化

和深刻化都證明了人類表達情感的無窮能力。

由莎士比亞通過藝術手段再現的愛情格調可謂豐富多彩，

它們有賣弄風情的，

羞羞答答的，含情脈脈的，

令人心醉的，信賴不止的，

忠貞篤情的，騎士風度的，

自我犧牲的，無所畏懼和多情善感的等等。

——〔保〕瓦西列夫《論愛情》

倘若一個感情豐富的女人覺得，

她的情人只是由於她外在的、

短暫的肉感魅力而與她結合；

而不是她心靈的優美，

或她終身的友情，與她結合；

那麼那個婦女將會發現，

自身不是一個依存，

而是一個競爭者。

——〔印度〕泰戈爾

戀愛乃是青春期開放的情緒之花。

──〔英〕拜倫

男女雙方願意相互觀察是愛情的第一個徵兆。

一旦雙方由於某種原因不再從對方身上尋求有趣的、

使人感到興奮的東西，

不再相互了解，不再重新發現對方，

這就意味著雙方關係具有生命力的火焰已經趨於熄滅。

──〔保〕瓦西列夫《論愛情》

就拿一個最通達事理、最想得開、

情慾最淡薄的女人來說，

在她的眼中，一個男人的最不可饒恕的罪過，

（即使是對她最無所謂的一個男人）

是他能夠占有她而卻偏偏予以拒絕。

──〔法〕盧梭《懺悔錄》

PART 3

愛與人生

愛是亙古長明的燈塔，

它定睛望著風暴卻絲毫不為所動。

——〔英〕莎士比亞

有的人勤勉終生，

雖然他沒有豪華的住宅，嶄新的小汽車，

但是，他有一位與他同甘共苦、志同道合的伴侶，

他就是一位精神的富有者，愛的幸運兒。

他的內心是充實的；

他總是感覺幸福的。

——〔科威特〕穆尼爾・納素夫

和一位有知識的女人進行有趣味的和充滿智慧的談話，

比書本中任何迂腐的大道理，

更能給青年人帶來啟示。

——〔法〕盧梭《懺悔錄》

母親最希望保有她的兒子的愛，

即使他長成一個呆子，她也不顧；

情婦要完全占有她的情人，

覺得為一小時的戀愛而犧牲世界上最好的天才，

也是一件理所當然的事。

——〔法〕彼埃爾・居禮

真正的愛情能夠鼓舞人，

喚醒他內心沉睡著的力量和潛藏的才能。

——〔義〕薄伽丘

女人把男性的性慾誤認為熱烈的戀愛是幼稚而有害的。

——〔日〕武者小路實篤

戀愛並不是人生唯一的事業。

——〔日〕武者小路實篤

愛情在女子身上特別顯得最美，

因為女子把全部精神生活和現實生活

都集中在愛情裡和推廣成為愛情，

她只有在愛情裡才找到生命的支持力；

如果她在愛情方面遭遇不幸，

她就會像一道光焰被第一陣狂風給吹熄掉。

——〔德〕黑格爾《美學》

戀人和殉道者是一對同病相憐的兄弟！

兩者痛苦相似，知己如同知彼，

可說是世上絕無僅有的。

——〔法〕巴爾扎克

觀察一個人，

最好觀察他怎樣談戀愛。

——〔英〕高爾斯華綏

最糟的是兩人從早到晚在一起生活，
跟旁人完全隔離。
心中苦悶的時候，
因為有了兩個人而且彼此愛莫能助，
所以苦悶格外加強；
結果各人又怪怨對方，
到後來真的相信自己的痛苦是應該由對方負責的。

——〔法〕羅曼・羅蘭

青年時代太放縱就會失去心靈的滋潤，
而太節制就會變成死腦筋。

——〔法〕聖堤布福

人生最大的悲劇，
是床第間的悲劇。

——〔俄〕托爾斯泰

痛苦中最高尚的、最強烈的和最個人的——
乃是愛情的痛苦。

——〔德〕恩格斯

人生苦惱的根源之一，

就是不能擺脫，在戀愛上尤其如此。

——〔羅馬〕辛尼加

一個高尚心靈為愛情而痛苦萬分，

永遠是一場好戲。

——〔法〕巴爾扎克

青春的特徵乃是動不動就要背叛自己，

即使身旁沒有誘惑的力量。

——〔英〕莎士比亞《哈姆雷特》

對青年人來說，

最偉大的莫過於真正的愛人和真實的愛情。

——〔古希臘〕費德羅

青春並不是生命中一段時光，

它是心靈上一種狀況。

它跟豐潤的面頰，殷紅的嘴唇，

柔滑的膝蓋無關。

它是一種沉靜的意志，

想像的能力，感情的活力，

它更是生命之泉的新血輪。

——〔羅馬〕辛尼加

愛並不是職責的對立面，

相反的，它使職責的重壓減輕，
使粗暴變成了溫柔。
——〔印〕克·克里巴拉尼

愛情在舞台上，
要比在人生中更有欣賞價值。
因為在舞台上愛情既是喜劇也是悲劇的素材，
而在人生中，
愛情常常招致不幸。
它有時像那位誘惑人的魔女，
有時又像是那位復仇的女神。
——〔英〕培根

如果沒有愛，對個人而言，
死亡就是最後的結局。
然而，持有愛的人可以把幸福的希望寄託於所愛的人。
那麼，他的死就不是結束。
——〔日〕武者小路實篤《人生論》

友誼和愛情之間的區別在於——
友誼意味著兩個人和世界，
然而愛情意味著兩個人就是世界。
在友誼中一加一等於二，
但在愛情之中一加一還是等於一。
——〔印度〕泰戈爾

愛情叫懦夫變得大膽，

卻叫勇士變成懦夫。

—〔英〕莎士比亞

當我們心中產生了愛情，

我們就期望著另一個人

對於我們的個人幸福具有著無比重要的意義。

我們允許那個人進入到我們的內心世界，

讓他或她了解我們從未讓人窺探過的內心祕密。

—〔美〕納撒尼爾‧布拉登

唯一可能的、唯一真實的、永恆的、最高級的快樂，

只能從三樣東西中取得：工作、自我克制和愛。

—〔俄〕托爾斯泰

在痛苦中要有勇氣，

在相互的生活中要有愛情，

對未來要充滿希望。

—〔蘇〕捷爾任斯基

戀人們發誓要做的事情，

總是超過他們的能力。

—〔英〕莎士比亞

愛情從窗戶裡進來，

從大門裡出去。

——英國諺語

在整個人類發展的進程中，
如同在個人的發展進程中一樣，
唯有愛才是促進文明的因素。
因為它使人從利己主義走向利他主義。
這不僅是指以遵守所有不損害婦女心愛之物的義務
而表現出來的對婦女的戀愛，
而且，指在共同的工作中
還建立起來的對其他男人的非性慾的、崇高的同戀愛。
——〔奧〕佛洛伊德

人不是僅僅為了愛而生存的；
難道男人的全部目標就只是為了控制某一個女子，
而女子的全部目標就只是為了左右某一個男子嗎？
從來不是！
——〔俄〕赫爾岑

我們能對愛情所做的最恰當的比喻是它與熱病的相同，
因為，無論是它的猛烈程度還是它的持續時間，
我們都沒有力量加以控制。
——〔法〕拉羅什福科《道德箴言錄》

在愛情中，

人們發現了自己的映象，
亦即發現了自己所追求的美的理想世界。
——〔美〕萊克

美而沒有品德，
猶如花沒有香味。
——日本諺語

當我們厭倦愛時，
我們很容易忍受別人對我們的不忠，
以便我們除解自己忠誠的義務。
——〔法〕拉羅什福科《道德箴言錄》

純潔的愛情是人生中的一種積極的因素。
——〔義〕薄伽丘《十日談》

戀愛中的人以為別人都是瞎子。
——英國諺語

沒有自信，
才有戀愛的嫉妒。
——〔日〕詫摩武俊《嫉妒心理學》

為愛情而躺下床的人，

自會為肚飢而起床。

——英國諺語

一帆風順的愛情，其實乏味無比；

過久了幸福生活，我們也嫌膩味，

生活需要忽起忽落，

困難越多，勁頭兒就越衝，

樂趣也就越大。

——〔法〕莫里哀

過度的愛情追求，

必然會降低人的本身價值，

例如，只有在愛情中，

才永遠需要那種浮誇諂媚的辭令。

而在其他的場合中，

同樣的辭令卻只能招致恥笑。

——〔英〕培根

如果我們生活的全部目的僅在於我們個人的幸福，

而我們個人的幸福又僅僅在於一個愛情，

那麼，生活就會變成一片遍布荒墓枯冢

和破碎心靈的真正陰暗的荒野，

變成一座可怕的地獄。

——〔俄〕別林斯基

連草也會從地底下掙向太陽，

長得像盛開的火焰一樣好看：

沒有愛情，就不可能有生命。

——〔蘇〕葛拉特珂夫

獨身女子常常會妒嫉已婚女子，

夢想自己也能結婚。

相反的，已婚女子卻幻想如果她們是自由之身，

她們可以抓住一些更好的男人。

——〔加〕梅爾勒・塞恩

軟弱者永遠進不了愛情的王國，

愛情的王國是無情和吝嗇的，

女人們只肯委身於那些敢作敢為的男子漢，

因為這樣的男子能使她們得到她們所渴望的安全感，

使她們能正視生活。

——〔哥〕加・馬爾克斯

我們生存的唯一的動機只包括兩種最優美的德行——

天真的快樂和對於愛的無邊的需求。

——〔俄〕托爾斯泰

生命誠可貴，愛情價更高。

若為自由故，二者皆可拋。

——〔波〕裴多菲《自由，愛情》

‧魯卡斯一世‧維納斯與小愛神

所謂戀愛過程，

實際上就是不斷地調整、修改自己理想的過程，
是你的理想與你尋找的客觀對象相互適應的過程！

——〔美〕基爾・凱絲勒

你會遇到這樣的場面：傲慢使你猛然回擊對方，

甚至想跟他分手。

讓我告訴你，

這時候保持沉默會更好些，

儘管這樣做很不容易。

但如果你想顯示自己，

你就會毀掉許多幸福時光。

——〔義〕蘇菲亞・羅蘭《女人的魅力》

當女人被男人所騙時，

法國女人會殺掉她的情敵；

義大利的女人卻寧願除去不忠實的愛人；

英國女人只是一刀兩斷——

但是三種人都會另尋新歡作為慰藉。

——〔英〕查理斯・柏耶

與生存所必需的東西相比，

愛是偉大的導師。

——〔奧〕佛洛伊德

只有對人類最強烈的愛情，

才能激發出一種必要的力量來追求和領會生活的意義。

——〔蘇〕高爾基

首先引起我們注意的就是相貌，

然而，我們應當放到最後考慮的，卻也是相貌。

——《愛的格言》

不要以男人的面貌作為選擇對象的條件，

否則你就會像付出最高代價

而選購了一件虛有其表的物件一樣的愚蠢。

——〔美〕菲力普斯

若是一味以外貌作為評定標準，

無形中你會喪失很多機會、

葬送很多眼看就要到手的幸福。

——〔美〕基爾·凱絲勒

一個陷於熱戀中的人，

本能地會在他天然的優點之外，

增加許多後天的魅力。

——〔法〕A·莫洛亞《論婚姻》

對美色的傾倒，

和渴望占有對方，並不是愛。

——〔英〕高爾斯華綏《福爾賽世家》

愛情從回顧過去與憧憬未來中吸取養料。

——〔法〕雨果《致朱麗葉特》

美麗的靈魂可以賦予一個並不好看的身軀以美感；

而醜惡的靈魂則會給漂亮的軀體，

打上一個令人厭惡的烙印。

——〔美〕基爾・凱絲勒

在過去，倘若你說一個女人性感的話，

那幾乎是一種羞辱，

但現在，則變成了一種恭維。

——〔美〕蕾伊・唐娜希爾《人類情愛史》

一對情侶的關係不見得要流於例行公事，

你也不必杞人憂天，

擔心未來的日子。

要隨心所欲地開放自己，

積極地參與人生……

——〔美〕基爾・凱絲勒

急躁的愛，熱得快，冷得也快。

——英國諺語

我們必須吃、喝、睡覺，

必須玩樂、戀愛，

接觸生活中最甜蜜的東西，

但是不應該受它們的支配，

……在我們可憐的頭腦中占優勢的，

必須是一個終身全力追求的崇高理想。

　　——〔波〕居禮夫人

惟有那些正缺乏愛情，

在冗長的工作中耗盡青春年華的不幸者，

才能了解自己荒涼的、

無人問津的心靈激情是如何地來勢洶洶。

　　——〔法〕巴爾扎克

愛情的姊妹是痛苦，

幸福的兄弟是辛苦，

一切獲得同時都是犧牲，

人生絕不是優閒的散步。

　　——〔英〕喬叟

一個時髦的女人，

永遠在和自己談戀愛。

——〔法〕拉羅什福科《道德箴言錄》

我們在處理性愛時應當是自覺的、思想健康的，
對自己負責的人，
這樣就不會演出愛情的悲劇了。
——〔蘇〕馬卡連柯

女人的魅力並不完全是生活賦予她的，
而是她獻給生活的最美好的東西。
有魅力的女人向社會索取甚少，
而對社會的貢獻卻甚多。
——〔科威特〕穆尼爾‧納素夫

一個欲望，
就其本身來說，
既不可能是合理的，
也不可能是不合理的。
它也許與其他的欲望發生衝突，
因而導致不幸；
它也許引起其他人的反對，
因而是不可能令人滿意的。
——〔英〕羅素《宗教與科學》

幸福的生活，

就是符合自己的本性的生活！

——〔西班牙〕塞內卡《論幸福生活》

夫妻的愛，

使人類得以繁衍。

朋友的愛，

給人予以幫助。

但那荒淫縱慾的愛，

卻只會使人墮落毀滅啊！

——〔英〕培根《論人生》

犬儒主義者的純淨無欲、

和苦行僧式的禁欲主義對社會並無任何益處，

這是對美德的歪曲，

使美德變成令人反感的東西。

既然這些東西否定了優美的情操，

它們就不能成為人道的東西。

——〔德〕康德

在私生活中，

人的天性是最容易顯露的。

因為那時人最不必掩飾。

——〔英〕培根《論人生》

只有真才美，

只有真才可愛；……虛假永遠無聊乏味，令人生厭。

——〔法〕布瓦洛

不成熟的愛就表現在不能容忍暫時的不和諧、

挫折和短時間的疏遠，

總是覺得自己正面臨著愛情破滅的不幸。

一些夫婦們甚至一個月內做出數次這樣的判斷。

他們很少或不能以寬闊的胸懷去容納他們暫時的難題。

所以他們的生活、他們的愛情和婚姻，

總是徘徊在地獄的邊緣。

這樣的環境絕對不適合愛情的發展，

只會促使愛情更早滅亡。

——〔美〕納撒尼爾·布拉登

對於真正的戀人，幸福即將來臨時，

恰可與天主教詩歌中的天堂入口相比擬。

這樣的比喻實在是再恰當不過，

因為這確是一個狹窄、昏暗、寸步難行的地方，

同時也回響著極度憂慮的最後呼喊。

——〔法〕巴爾扎克

青年人對於愛情，

要提得起，要放得下，才是一個智者。

——〔羅馬〕西塞羅

三種東西不召自來：

愛、嫉妒、恐懼。

——〔美〕桑德堡

華貴的衣服穿在心腸污濁的人的身上，
會顯得更為醜惡。

——〔美〕富蘭克林

美麗不靠粉黛，偉大不靠吹噓。

——英國諺語

一個美麗的女人是一顆鑽石，
一個好的女人是一個寶庫。

——〔波斯〕薩迪

漂亮而無德的女人，是醉人之美酒。

——德國諺語

年輕人一旦愛上一個女人，
不管這個女人是否愛他，
他的生活就會完全變了樣。

——〔法〕巴爾扎克

許多本身條件優越的女人，

終其一生都在尋求一個比自己更強更優越的男人，
反而捨棄了她真正由衷喜愛的男人。

——〔加〕梅爾勒·塞恩

一個放蕩者懺悔得太晚了就像一隻破船：
它既不能再回到岸上，也不能繼續它的航程；
儘管風在吹送它，海洋卻把它吸住，
它打上一個旋渦，終於沉沒了。

——〔法〕謬塞

倘若人類的愛情、悲傷再淡薄些，
人類的生活將大為樂觀，
但作為交換條件，人生也會變得暗淡。

——〔日〕武者小路實篤

愛情是一個各階層的人都會相遇的舞台。

——英國諺語

為戀愛所征服的人總是不會覺得羞恥的。

——〔古希臘〕伊索

愛情的最好幫手是機遇。

——〔西班牙〕塞萬提斯

・科雷吉歐・不要碰我

一旦有人反對，

情人就會像禁果一般，變得更有價值了。

——〔法〕巴爾扎克

一見鍾情和一觸即發式的愛情，

這些無法用理智理解與控制的情事，

的確是我們生活中的一部分。

——〔加〕梅爾勒‧塞恩《男人的感情世界》

一個人很容易陷於對於他自己或他所愛的人評價過高，

而對於他所恨的人，則貶抑太甚。

——〔荷〕斯賓諾莎《倫理學》

當兩人一起攀登山峰，

他們是手拉著手的，

但一當踏上山巔，

他們就不大清楚該往何處去了。

——〔義〕蘇菲亞‧羅蘭《女人的魅力》

一個人輕易的過早的獲得幸福，

那人一定不是唯一被對方所愛的人。

——〔法〕司湯達爾《紅與黑》

PART 4

愛與勇氣

美是力量，微笑是它的劍。

——〔英〕里德

我們把愛情估價得如此之高，

如此迷戀愛情的力量，

把它作為幸福的基礎，

卻不能把我們的愛情生活持久地維持下去。

這樣看來，很可能是因為我們被愛情弄昏了頭，

要不然就是——

我們確實是喜歡愛情這個概念甚於喜歡愛情本身。

——〔義〕蘇菲亞·羅蘭《女人的魅力》

她的魅力就在於她的人總是蓋過服飾，

她的服飾在她身上絕不會惹人注目。

她那鑲著華麗花邊的黑色衣服在她身上就並不醒目，

這不過是一個框架罷了，

為人注目的是她本人——

單純、自然、優美，同時又快活又有生氣。

——〔俄〕托爾斯泰《安娜·卡列尼娜》

在這戀愛的時刻，

被愛人無論做什麼都不會使對方討厭，

都不會使對方驚訝。

——〔法〕羅曼·羅蘭《母與子》

當一個男孩戀愛時，

他不能客觀地判斷女友的美麗。

——〔美〕班傑明・富蘭克林

當你真正感到對方的話是肺腑之言的時候，

自己的心靈也一定會敞開來接受一個陌生心靈的真情流露；

一個教育家的全部箴言，

也趕不上你所愛戀的一個聰明女人的情意纏綿的話語。

——〔法〕盧梭《懺悔錄》

愛情賜予萬事萬物的魅力，

其實絕不應該是人生中短暫現象，

這一道絢爛的生命的光芒，

不應該僅僅照耀著探求和渴慕時期，

這個時期其實只應該相當於一天的黎明，

黎明雖然可愛、美麗，

但在接踵而至的白天，

那光和熱都比黎明時分更大得多。

——〔俄〕車爾尼雪夫斯基《怎麼辦》

女人在愛情上是主宰者。

她是教育男人成為真正人的強大力量。

——〔蘇〕蘇霍姆林斯基

愛情是與陽光同在的上天的光輝，

它照亮了人的理性。

——〔義〕但丁

在所有的自然的力量中，

愛情的力量最不受約束和阻攔，

因為它只會自行毀滅，

絕不會被別人的意見所扭轉而打消。

——〔義〕薄伽丘《十日談》

愛情既是欲望，

就是有所不足，

所以愛神是貧窮的兒子，

又瘦又髒，沒有鞋子，睡在露天，

但是愛美，所以他大膽，

活躍，勤謹，有恆，胸懷曠達。

——〔法〕丹納《藝術哲學》

一個美麗的姑娘只能悅目，

帶來一時的歡樂；

而一個高尚的姑娘卻可以賞心，

帶來一輩子的幸福。

——法國諺語

愛情！

為了叫我們得到愉快，
什麼樣的瘋狂你不能辦到呢？
——〔葡〕《女修士書簡》

愛，包括戀愛在內，
是有鮮明的個性的。
——〔保〕瓦西列夫《論愛情》

精神或許會說謊，但身體卻很誠實，而舌頭更勝過頭腦。
——〔日〕開高健

男人在教女人說謊時，他本身就是個謊言。
——〔法〕福樓拜

愛情能加深一個人對世界的感受，
全面刺激他的生命力。
因此，愛情能在一定程度上（其程度因人而異），
使男子和女子精力旺盛，精神煥發。
——〔保〕瓦西列夫《論愛情》

我們常常由愛情轉入野心，
而卻很少由野心轉回到愛情。
——〔法〕拉羅什福科《道德箴言錄》

戀愛和野心一樣，

宣布死刑並不會使它消滅。

——〔法〕艾芙·居禮

強烈而持久的愛情像處女一樣純樸，

也就是，它的表現是純樸的，

用不上一切修飾描繪的形容詞，

它只可意會。

但是，人們想要表達而又無力表達出來的——

那種東西則是顯而易見的，

這就說明了它比一切火熱的、華美的詩更有力量。

——〔俄〕果戈理

一張美麗的臉的力量使我的愛情化為崇高，

因為它使我的心擺脫了卑俗的欲望。

——〔義〕米開蘭基羅

任何人身上都具有一種被別人喜愛的地方，

不過因人而異，各不相同罷了。

奇怪的是，儘管自己沒意識到，

在你所愛的人身上總會找到與你自己的相似之處。

——〔日〕杉村春子

愛在男女關係中

永遠是一股令人意蕩神馳的強烈美感力。

——〔保〕瓦西列夫《論愛情》

我們可以把一切的憧憬全捨棄，

都捨棄不了愛的憧憬。

——〔日〕今道友信《關於愛》

魅力只有在你同別人的關係中才能顯示出來，

而它往往表現在我們替別人做的一些小事情上，

它會使局面大為改觀。

——〔義〕蘇菲亞·羅蘭《女人的魅力》

請相信，

一個少女不可能感受到那種對男人的純潔崇高的友誼；

她必然會產生另一種合乎她的天性的本能的感情。

——〔俄〕果戈理

只有愛能夠戰勝死亡。

愛具有從死亡中解脫出來的力量。

愛是很少以死而告終的，

一個愛者的死絕不是終結。

——〔日〕武者小路實篤

當人心最軟弱的時候，

愛情最容易入侵。

——〔英〕培根《論人生》

每個人的心靈深處都有他生活的動力。

男人的動力是：追求榮譽心、致富心，

多數人則是獻身於藝術、純科學的志向；

對於女人來說，

主要的是愛情，

有時則是宗教狂熱。

——〔俄〕索菲婭·托爾斯泰

愛情像一朵盛開的玫瑰，

張開肉感的花瓣，

要猛烈地抓住落入其中的俘獲物。

——〔美〕鄧肯《鄧肯自傳》

激發我們去愛一個女人，

最主要的只有兩樣東西，

那就是戀人的美貌和純真的氣質。

——〔西班牙〕塞萬提斯

美是一種恰到好處的協調和適中。

——〔法〕笛卡爾

真正相愛的人不是用推理

而是憑敏感來發現對方的缺點的。

——〔蘇〕蘇霍姆林斯基

美的特點並非刺激欲望或者是把它點燃起來，

而是使它變得純潔化，高尚化……

——〔法〕庫申

一對男女交換目光和微笑。

他們尋找各種藉口來見面和談話。

這就是愛慕的開始……

——〔保〕瓦西列夫《論愛情》

一旦你對一個女人沒法隱瞞任何事的時候，

你便是愛上她了。

——〔美〕保羅・吉拉第

一個女子一旦把她的愛慕之心向一個男子洩露，

在這個女子和這個男子之間便有一種火辣辣的、

神祕的、危機四伏的空氣在振顫不已！

——〔奧〕褚威格《愛與同情》

真正的愛情始終使人向上，

不管激發起這種愛情的女人是誰。

——〔法〕小仲馬《茶花女》

美和嬌嫩的身體是不能長期共處的。
美的天然魅力來自人的經常的社會活動和勞動，
來自同大自然的交往，
來自人的精神潛力的充分發揮。

——〔保〕瓦西列夫

在愛情上，
最初的一瞥往往只是一顆火星。
長期觀察才能點燃情感的火焰，
形成燎原之勢。

——〔保〕瓦西列夫

愛情和工作都有一種功能，
可以使一個人對外界事情莫不關心。

——〔法〕巴爾扎克

如果漂亮的臉蛋是份推薦書的話，
那麼聖潔的心就是一張信用卡。

——〔英〕B・李頓

愛情是巨大的情慾，

人會在情慾的烈火中喪生。

——〔格魯吉亞〕盧斯塔維里

在熱戀中，

世界中的萬物都會在人的心目中失去其原有的面貌。

一位毫不出眾的女性，

會變得如同維納斯女神一樣美妙絕倫，神采飛揚。

——〔蘇〕尤里·留利柯夫

愛不是一般的感情，

也不是僅靠思念就可以滿足得了的。

愛是一種心情，

是要把所愛的對象置於自己的眼前、身邊，

是希望自己與對方能夠協同一體。

——〔日〕今道友信

獻身般地愛著異性，

這個愛雖然不及母愛那麼純真，

但具有一種更為熱烈的、超生命的力量。

戀愛的獻身之美，

男性對愛慕者的勇氣構成了真正的愛情，

具有比獻出生命更強大的力量。

——〔日〕武者小路實篤《人生論》

· 索佛尼斯巴 · 自畫像

我絕對相信，

婦女的無畏和堅毅精神能培育男子精神豐富、
高尚、美感、忠誠和專一等品德。
——〔蘇〕蘇霍姆林斯基

你要是知道一個人在戀愛中的內心的感覺，
你就會明白用空言來壓過愛情的火焰，
正像雪中取火一般的無益。
——〔英〕莎士比亞

愛的腳步對禁區是無所顧忌的。
——〔日〕今道友信

熱戀中的人，
往往更容易體察到生活中的美。
——〔蘇〕尤里・留利柯夫

盛怒時真理會變成歪理，
戀愛時則相反。
——越南諺語

女人的美貌可以成為其高傲的資本，
但絕不保證充滿愛情的快樂。
——〔法〕馬爾羅《中西歐的誘惑》

一個人在他追求既定的目標，

追求朝思暮想的、能夠帶來幸福時刻的感情共鳴的時候，
會覺得生活中沒有克服不了的障礙。
——〔保〕瓦西列夫

我真不明白，
人們明明知道沉迷在愛情中是一件極其愚蠢的事，
但在譏笑他人的荒唐無聊之後，
自己卻也會成為自己揶揄的對象，
照樣跟人家談起戀愛來。
——〔英〕莎士比亞

一個人可以學會建造宏偉的工程——
發電站和宮殿，太空船和核潛艇，
但是如果一個人不學會真正的愛，
他將永遠是個野蠻人。
高度文明的野蠻人比處於蒙昧狀態的野蠻人危險百倍。
——〔蘇〕蘇霍姆林斯基

美貌比金銀更容易引起盜心。
——〔英〕莎士比亞

真正的愛情能夠鼓舞人，
喚醒他內心沉睡的力量和潛藏著的才能。
——〔義〕薄伽丘

在報復和愛情之中，

女人比男人更為野蠻。

——〔德〕尼采

愛情不怕任何障礙，越有障礙增長得越快。

——英國諺語

人總歸是人，
哪怕他有一點兒理智，
到他熱情奔放，
衝破了人性的界限時，
理智便很少管用，
甚至根本不起作用。

——〔德〕歌德

愛情是本能和思想，
是瘋狂和理性，
是自發性和自覺性，
是一時的激情和道德修養，
是感受的充實和想像的奔放，
是殘忍和慈悲，是饜足和飢渴，
是澹泊和貪欲，是煩惱和歡樂，
是痛苦和快感，是光明和黑暗。
愛情把人的種種體驗融於一爐。

——〔保〕瓦西列夫《論愛情》

愛不是別的，

乃是為一個外在的原因的觀念所伴隨著的快樂。
恨不是別的，
乃是為一個外在的原因的觀念所伴隨而來的痛苦。
——〔荷〕斯賓諾莎

我認為性感來自內心。
……性感是一種你或者具有或者沒有的內在因素，
它和胸部、臀部，或者嘴都沒有關係。
——〔義〕蘇菲亞·羅蘭

對愛情的渴望，對知識的追求，
對人類苦難不能遏止的同情心，
這三種單純但又無比強烈的激情支配著我的一生。
——〔英〕羅素《自傳》

戀愛不是拱著手，自然會湧現出來；
而是必須傾盡全力，艱苦奮鬥，
才能建築起來的。
——〔法〕大仲馬

愛情是吞噬一切的火焰，
它使其餘的感情燃燒起熊熊大火……
給它們注入新的力量……
所以人們才會說：愛情創造了英雄。
——〔法〕盧梭

女人所賴以贏得我的愛的，

是她們的仁心，不是她們的美貌。

——〔英〕莎士比亞

愛情的意義在於幫助對方提高，
同時也提高自己。
惟有那因為愛變得思想明徹，
雙手矯健的人才算愛著。

——〔俄〕車爾尼雪夫斯基

墜入情網根本不是人類所幹的最愚蠢的事情——
但地球引力對此不負任何責任。

——〔德〕愛因斯坦

愛情常會對錯誤視而不見，
永遠只以幸福和歡樂為念，
它任意飛翔，無法無天，
打破一切思想上的鎖鏈。

——〔英〕布萊克

愛情之中高尚的成分不亞於溫柔的成分，
使人向上的力量不亞於使人委靡的力量，
有時還能激發出別的美德。

——〔法〕伏爾泰

一個女人，

美麗不美麗，是天生的。
漂亮不漂亮，卻是後天的培養。
——柏楊

一種愛情如果輕易便能獲得，
無須克服許多內外障礙，
可能會使我們少受一些痛苦。
但是，它卻不會帶來這麼巨大的幸福和快樂。
——〔德〕克勞塞維茨

女人的女性美及其聰明才智是男人最為關心的。
是的，婦女的美貌常為男人所傾倒，
他們常常在姑娘面前佇立注目，
但是，當他發現這個使他驚訝的美麗圖案後面，
並沒有什麼其他具有真正含義的東西時，
他會毫不遲疑地離她而去。
——〔科威特〕穆尼爾‧納素夫

愛的構造是矛盾的。
在不同的場合下，
它既能激發出生命力，
同時又含有生命的危機。
——〔日〕今道友信

戀愛是盲目的，

總認為自己的愛人是不可多得的人。

——〔日〕詫摩武俊

愛情總是善良的。

幾乎在一切時代，

在有文化的人們當中，

廣義的愛情和丈夫對妻子的愛情，

都同樣被稱為愛情，

實際上這並不是枉然的。

如果愛情往往是殘忍的，

有害的，那原因並不在愛情本身，

而是要歸咎於人類社會的不平等。

——〔俄〕契訶夫《三年》

愛不僅僅是生育本能和性慾，

也是男女社會交往的一種形式，

是生理、心理、美和道德的綜合感受。

真正的愛只有人類才有。

——〔保〕瓦西列夫

一個難以獲得的女子是一個挑戰。

而一個不可能獲得的女子，

則是一個拒絕。

——〔美〕喬伊斯・布拉澤

愛情需要薄薄的一層憂傷，

需要一點點嫉妒、疑慮、戲劇性的遊戲。

——〔保〕瓦西列夫

愛情的內容是豐富的、無窮盡的，

是衝動和意識的仙境，

是性的吸引和精神渴求的美妙結合。

——〔保〕瓦西列夫

由於愛情而產生的歡愉對我們的發展是非常重要的。

它使我們體會到生活是無價的，

我們個人是無價的。

沒有比領悟到這一點更為重要的了。

歡愉以生動的、強烈的直接經驗為我們提供了這種知識。

——〔美〕納撒尼爾・布拉登

熱情奔放的愛情價值之一，

就在於它讓我們愛的能力得到了鍛鍊和培養，

它為我們的精力發揮提供了一條航道，

它是激勵人生、確定人生價值，

賦予人生快樂和幸福的過程。

——〔美〕納撒尼爾・布拉登

戀愛是沒有工作者的工作。

——〔法〕孟德斯鳩

人們往往大談愛情和感情一類的話——
正如他們談論宗教一樣——
好像這些是世界上最平常的東西似的；
可是，法國人的話倒比較有道理，
他們說：偉大的熱情跟天才一樣的少。
——〔英〕蕭伯納

我有點懂得戀愛的含義了。
以前只是憧憬。
我似乎懂得了現實當中愛的嚴肅性。
即使是女性，
我以為也可以主動去追求愛。
——〔日〕山口百惠

造物者似乎把戲劇中
所謂的「驚人效果」應用在年輕少女身上。
造化給她們的財富只是短短幾年的美麗，
賜予她們暫時的豐滿和魅力——
甚至透支她們此後所有的姿色。
——〔德〕叔本華

愛是真正使人復甦的動力。

—〔德〕歌德

大自然的目的首先是繁殖生物；
一切生物最大的快樂就是生殖行為。
雄性棕櫚樹把繁殖的花粉送給雌性棕櫚樹的時候，
就會在熱風中為愛情而戰慄；
牡鹿在春情發性的時候，
會用利角觸穿抗拒牠的牝鹿的肚子；
雌鴿子在雄鴿子的翅膀下面
渾身震動得好似一株多情的含羞草；
而當男人在全能的大自然中擁抱他的女伴時，
會感覺到他心中閃動著那創造他的神聖火花。
　　—〔美〕約翰・錫亞迪

女人的感情在相見的時刻排山倒海似的奔湧出來，
這是無可指摘的，
並且也是必要的，
因為它正是內心愛情的自然流露。
至於男子，
必須防止他的心潮過於洶湧澎湃，
它的根源當然也是出於愛情，
但是它的結果卻只能是另一種。
　　—〔德〕赫拜爾

愛情是一位偉大的導師，

教我們重新做人。

——〔法〕莫里哀

許多短促的瘋狂——

這是你們所謂的戀愛。

你們的結婚終結了許多短促的瘋狂，

而代之以一個長期的愚蠢。

——〔德〕尼采

當我們以全部身心去愛著一個人時，

我們就把他或她看作為幸福的源泉。

於是情慾誕生了。

這種情慾產生了能使歡愉得以實現的行為，

通過歡愉的反饋，

又強化了愛情的需要，

愛就是以這樣的形式不斷地發展和鞏固起來的。

——〔美〕納撒尼爾·布拉登

企圖挽回已經完全發生了變化的愛情，

是一種非常愚蠢的想法，

正像一個腐爛的蘋果，

即使你能吃到口裡，

也不會覺得甜蜜了。

——〔英〕羅斯維克

一個人只要愛上了，

就會愛對方的一切。

——〔法〕巴爾扎克

情人總是希望絕對而且單獨地擁有他所追求的對象。

他企求對他的靈魂和身體都擁有絕對的控制權，

他要單獨地被愛，

並且統御及留駐在另外一個靈魂裡。

——〔德〕尼采

當我們投入愛情的懷抱，

我們的自我興趣觀念就會擴延到我們愛侶的身上。

偉大的愛情具有著相互的讚美，

這就等於是宣稱著另一個人的幸福

於我們本身有著至關重要的意義。

——〔美〕納撒尼爾・布拉登

愛是認識的唯一途徑，

愛在融合的行動中回答了我的追求。

在愛的行為中，在給予自身的行為中，

我找到了自己，我發現了自己，

我發現了我們兩人，

我發現了人。

——〔德〕佛洛姆

愛並不是誰該為誰犧牲，

誰該為誰做什麼，

倘若一旦愛變成這樣，這就不是愛了。

——〔加拿大〕梅爾勒·塞恩

人們常常談論「一見鍾情」，

但這種情感只是以最初的印象給人帶來一種回味。

只有在熾熱的情感體驗被以後真正的愛所肯定和證實，

才能把當初的接觸說成是一見鍾情。

——〔美〕納撒尼爾·布拉登

在別處分而為二的東西，

愛情可以讓它合二為一，

一個人一旦戀愛，

他願意長久如此，

一種不安的心理，

一種渴望的念頭，

一種熱烈的要求，

使他在每一瞬間樂於維持他當時的現狀。

愛情的本身雖是一個購買者，

一個唯一的購買者，

但它是不斷地儘量將自己奉獻出來的。

它在一種難以忍耐的愉快之中顯示自我，

它把擁有對方作為目標，

不會去計較任何代價。

——〔丹麥〕克爾凱格爾

愛情的信賴心雖然是很大的，

但是它碰上與它作對的現實的礁石而被摧毀，

乃是屢見不鮮的事。

——〔德〕歌德

火焰真的點著了。

各人都被對方的欲望所焚燒，

並以自己的欲望作為燃料，

使對方的欲望燃燒得更旺。

一個人越興奮，

他期待於對方會越殷勤；

而對方也會越努力去超過這種期待。

——〔法〕羅曼·羅蘭

·雅克伯·繆思女神的音樂會

愛情的快樂就在於愛，

而且，人們體驗這種激情比激發這種激情要更幸福。

——〔法〕拉羅什福科《道德箴言錄》

上帝不能增加相愛的人們的幸福，

除非給予他們無止境的歲月。

在愛的一生之後，

有愛的永生，

那確是一種增益。

但是，如果要從此生開始，

便增加愛給予靈魂的那種無可言喻的極樂的強度，

那是無法做到的，

甚至上帝也做不到。

上帝是天上的飽和；

愛是人間的飽和。

——〔法〕雨果

一個經得住愛情和苦難的靈魂的人，

即使是在煎熬中，

也仍然是快樂的！

凡是不曾在這雙重的光裡觀察過世事和人心的人，

可以說是什麼都沒有看真切，

什麼也不懂。

——〔法〕雨果

不幸的愛情，

往往像可靠的債務人的一張到期而未能兌現的借據，
它會加重你的利息。

——〔法〕巴爾扎克《邦斯舅舅》

假如你記不住你為了愛情而做出來的一件最瑣細的傻事，
你就不算真的戀愛過。
假如你不曾絮絮講述你的姑娘的好處，
使聽的人不耐煩，
那你就不算是真的戀愛過。

——〔英〕莎士比亞

把自己的整個生命都放在情愛卡片上的男人，
一旦當這張卡片被摧毀時，
他就會發生急遽的變化，
致使任何事都不能專心去做而放任不管。
像這種人就不是男子漢大丈夫，
只不過是一頭公牛而已！

——〔俄〕屠格涅夫

當人心最軟弱的時候，
愛情最容易入侵，
那就是當人得意春風，
忘乎所以和處境窮困、孤獨淒零的時候，
雖然後者未必能得到愛情。

——〔英〕培根

戀愛，

從發現意外性的東西開始。

——〔日〕山口百惠

兩個人互相了解，互相尊重，

知道彼此都可靠，

不是由於單純的愛情的信仰。

那往往是虛幻的——

而是由於多少年共同生活的經驗，

多少灰色的，平凡的歲月，

再加上度過了多少難忘的回憶。

——〔法〕羅曼·羅蘭

我所要求的就是愛情！

若有一個美人，

能理解我的苦楚，

她要我死，我也是肯的。

若有一個婦人，

無論她是美與醜，

能真心真意地愛我，

我也願意為她死的。

——〔中〕郁達夫《沉淪》

愛！它怎樣產生，怎樣發展，

怎樣消逝：全是祕密。

有時，它突然降臨，

歡樂的、確確實實的，

就像是大白天一樣；

有時它久久地微微發光，

就像是炭燈的餘火，

當它燃起心靈的態態烈火時，

一切已經燒光；

有時，它像蛇一樣爬進心扉，

忽然又逃匿了。

——〔俄〕屠格涅夫

只有人，才把道德帶進了兩性關係。

他一旦愛上了一個人，

就承擔了尊重這種親性的友誼，

並且要把它看做最大的幸福而珍惜它的義務。

當一個人體驗到真正的愛情時，

他就會表現出自我犧牲的精神和巨大的道德力量。

——〔保〕瓦西列夫

戀人之間的口角，

好比一場春雨。

——阿拉伯諺語

相信感情的萬能作用是必要的，
它能使兩人之間出現一種令人欣喜的共鳴，
從而使他們有決心去克服一切困難。

——〔蘇〕拉祖米希娜

愛情的道德力量使人變得高尚，
在人的身上樹立起最美好的品德：
人性、富於人情、富於同情心、
對污辱人格毫不妥協的精神和準備
把自己的精神力量奉獻出來，以締造共同的幸福——
我本身的幸福以及我所愛的人的幸福。

——〔蘇〕蘇霍姆林基斯

戰勝不苟言笑的女人的拘謹、
賣弄風情的女人的花招、
感情細膩的女人的德行的，
不是「我愛你」這句話，
而是說這話時的顫音，
以及伴隨而來的眼淚和目光。

——〔法〕狄德羅

假如說，我只有兩隻耳朵，卻沒有眼睛，

那你內在的美，我目雖看不見，耳卻能聽。

若我兩耳聾了，那你外表的美，如能看清，

也照樣能把我一切感受的器官打動。

如果我也無耳、也無眼，只有觸角還存在，

那我只憑觸覺，也要對你產生熱烈的愛情。

再假如，我連觸覺也全都失去了功能，

聽也聽不見，摸也摸不著，

看也看不清，單單剩下嗅覺一種，

孤獨地踽踽而行，

那我對你，仍舊一樣要有強烈的愛情。

因為你的臉龐英挺、秀髮如雲，

有芬芳氣息噴湧，

叫人嗅著，愛情油然而生。

——〔英〕莎士比亞

我的朋友，請你注意，

當你看到一個男人或女人的相貌的時候，

你自己問問自己，你一定會承認，

吸引著你或者使你產生反感的總是一種美德的形象，

或是一個惡行留下的或明或隱的印記。

——〔法〕狄德羅

在愛情裡，

人們可以原諒嚴重的謹慎，
但不能饒恕些許的不忠實。

——〔法〕福樓拜

幸福越是在自然中生長，
心靈就越是忙於把它分享給別人；
然而由於沒有獲得成功，
幸福反而成為痛苦的源泉。
在愛情匱乏之時，
快樂也變成了不快樂。

——〔印度〕泰戈爾

如果一個人沒有深刻的感情，
別人對他還能有什麼指望？
而我們除了被自然中的兩項最有力的東西——
真理和美德深深地感性以外，
還能被什麼感性呢？

——〔法〕狄德羅

為了使對方喜歡自己，尊重自己，
不努力提高自己的人品是不行的。
為此，人們有發奮努力的上進心，
有鍛鍊自己的意志，
增加責任感，增強自己的實力欲望。

——〔日〕武者小路實篤

・奧布利・孔雀裙，為王爾德劇作《莎樂美》繪圖

愛情是吞噬理性的情慾，

如果不用維護人性的職責加以遏制，
愛情就成為悲劇的原因。
——〔印度〕克·克里巴拉尼

要得到心愛的人，
通常都要求在審美能力方面、
在道德方面和整個精神方面自我完善。
真正的愛情由於意識的光輝而變得明亮起來。
垂頭喪氣的平庸是不會有崇拜者的，
精神上的藐小只能使愛情望而卻步。
——〔保〕瓦西列夫

尋找意中人的活動，
有時是愛情折磨的前奏。
——〔保〕瓦西列夫

PART 5

愛的解析

所謂的美人，

多半是在人們的奉承和討好中長大的，
因此她們往往會目空一切，自命不凡。

——〔日〕國分康孝

當男女相遇相愛時，
當他們感受到雙方的生物節拍和精力的同步時，
那麼在他們之間就會產生一種興奮和愉快的氣氛，
他們會感受到內心的和諧、融洽和平靜。
他們之間就會不約而同地產生那種妙不可言的諧振，
就好像他們相互默契，
從內心深處奏出了一首同樣的樂曲。

——〔美〕納撒尼爾・布拉登

愛情就像人的食慾一樣，
它與人的教養、學歷、年齡、
性別、種族、宗教信仰是毫無關係的，
是人皆有之的人類的普遍欲望。

——〔日〕國分康孝

在戀人的腦海裡，
他總是把自己的意中人擺在這座金字塔的最高峰，
把他看成是從未有過的理想者，
任何人都不能與之相媲美。

——〔保〕瓦西列夫

使心愛的女人不幸，

這並不能算是厚道。

——〔法〕孟德斯鳩

愛情是取悅於我們所愛的人，
意識到那個人的存在而喚起的愉快情緒、情感體驗，
是與那個人相互接觸、相互影響之時，
所產生的滿足感和充實感。

——〔美〕納撒尼爾・布拉登

有些偶像穿戴和裝飾得看起來很華麗，
但很可惜！
它們是沒有心的。

——〔希臘〕德謨克里特

愛情作為必然範圍內的自由意志的表現，
乃是情感的高度的以及大膽的傾瀉。

——〔保〕瓦西列夫

幾乎所有的少女都會相信外貌的暗示，
以為人的心地和外表都是一樣的美。

——〔法〕巴爾扎克

對於漂亮的女子，

衣裝並不能使她增添魅力。

——〔法〕雨果

男人即使在愛的時候也保持自己的特徵，

反之，女人時常為了愛而起變化，

並且所有在戀愛中的女性，

都有相同的現象。

——〔法〕查東尼

人們之所以願意圍著有吸引力的女人打轉，

乃是因為她使一切都充滿了樂趣。

——〔義〕蘇菲亞·羅蘭

美麗和魅力是不同的，

我會注意美麗的女人，

但是有魅力的女人卻會注意我。

——〔英〕約翰·羅斯金

漂亮婦女有種天生的殘忍，

因為知道自己必勝無疑，

就不聲不響的，很狡猾的，

冷眼看著笨拙的情敵白費氣力。

——〔法〕羅曼·羅蘭

124

少說話對於女人是一種裝飾，

而裝飾簡樸，在她也是一種美。

——〔希臘〕德謨克里特

自信就是魅力，

能夠自己照管好自己的魅力。

妳越快活，越有信心，

越能自主自己的生活，

男人就越樂意跟妳在一起。

——〔美〕詹姆斯·伍爾德

在一般情況下，

男性喜歡女性的體型美，

而女性則喜歡男性善良的品質和有一定的地位。

——〔美〕戴維·吉文斯

愛情乃是一種幻想；

為了追求人的完美性，

它還是一種必不可或缺的幻想。

——〔美〕萊克

男子對待一位把自己拒之門外的女子，

總是很少寬容的。

——〔法〕A·莫洛亞

「無知」

正是戀愛的主要特點和它的整個迷人之處。

——〔俄〕托爾斯泰

在萌發愛情之前，

我感到自己是多麼地微不足道。

在一個沒有產生熾烈愛情的男子身上，

他整個生活的一半，

亦即他最美好的那一半都被掩藏起來了。

——〔法〕司湯達爾

一個女人在戀愛中就會忘記了她自己，

忘記了她自己的利益。

她所想到的一切都是關於她愛著的那個男人的，

她對於他有什麼意義，

她怎樣能才使他幸福，

她活著就是為了適合他的需要。

——〔瑞典〕英格麗‧褒曼

我還有另一種測量男人的辦法，

亦即看他的不良性格，

而其中又以吝嗇、傲慢和殘忍為最致命。

——〔義〕蘇菲亞‧羅蘭

每個男人都需要女人的勸告。

——〔挪威〕易卜生

當一個女人對一個男人施加壓力的時候，

她可以變得很討人厭，

尤其是對一個已婚的男人。

——〔義〕蘇菲亞・羅蘭

有多少女子一直渴望著那些離開她們的人，

而卻厭惡那些總是熱心趨奉她們的人！

——〔古羅馬〕奧維德《愛經》

女人有兩種類型：

一種是母親型，一種是情人型……。

倘若可以用季節來比喻的話，

那麼，母親式的女人便是雨季。

她賜予我們清水和鮮果，

調節酷熱，又從天下灑下，

驅走乾旱，使人富足。

情人式的女人卻像春季。

她非常神祕，

充滿了甜蜜的魅力。

——〔印度〕泰戈爾

飲食，消化以後再誇它；

情人，了解以後再結合。

——柯爾克孜族諺語

人人都有缺點，談戀愛的男女雙方都是如此。

問題不在於找一個無缺點的對象，

而是要找一個雙方缺點都能各自認識，

各自承認，願意逐漸改，

同時能彼此容忍的伴侶；

（此點很重要，有些缺點雙方都能容忍；

有些則不能容忍，日子一久即造成裂痕。）

最好雙方儘量自然，不要做作，

各人都拿出真面目來，

優缺點一齊讓對方看到。

必須彼此看到了優點，也看到了缺點，

覺得都可以相忍相讓，不會影響大局的時候，

才談得上進一步的了解；

否則只能做一個普通的朋友。

可是要完全看出彼此的優缺點，

需要相當時間，也需要各種大大小小的事故來考驗；

絕對急不來！更不能輕易下結論（不論是好或壞）！

唯有極坦白，才能暴露自己；

而暴露自己的缺點總是越早越好，越晚越糟！

為了求戀愛成功而儘量隱藏自己的缺點，其實是愚蠢的。

——〔中〕傅雷

學習愛人的技巧並不難，

學習被人愛的技巧那才難。

——〔法〕都德

一個正人君子可能會像一個瘋子那樣去愛，
但是卻絕不會像一個傻瓜那樣去愛。
——〔法〕拉羅什福科《道德箴言錄》

一個使性子的女人，
就像一池受到激動的泉水，
混濁可憎，失去一切的美麗，
無論怎樣口乾舌燥的人，也不願意啜飲一口。
——〔英〕莎士比亞

愛情並非一切：
不是酒肉，擋不住風雨，
抵不了睡眠，對於浪裡浮沉的落難者，
也不是一根飄浮的桅竿。
愛情並不能向枯瘁的肺充氧，
無法清血，不能繼續生骨。
可是僅因為得不到愛情，
多少人竟寧願與死神為伍。
——〔美〕米萊

一個男人在需要行動時優柔寡斷，

比一個女人鹵莽粗野，更為可憎。

——〔英〕莎士比亞

戀人身上總擁有一種令人毛骨悚然的洞察力，
它能察覺被愛者的真實感情。

——〔奧〕褚威格《愛與同情》

如果自由地歡暢地戀愛著的人的再會，
是天國一般的喜悅。
那麼，單因為理性上的考慮而分離的戀人們的再會，
便是無法忍受的煉獄之火，冥府的前廊。

——〔德〕歌德

如果以為天才不能具有常人的感情，
如果以為善良和柔情不符合堅強的性格，
這實在是很大的偏見。

——〔委內瑞拉〕奧古斯特・米哈雷斯

愛不是過錯，過錯是恩施的飢渴，
同情的乞求，它們引人墮落。

——〔印度〕克・克里巴拉尼

女人的喜悅在於傷害男人的自負。

——〔英〕蕭伯納

我討厭許多女人做出這樣的結論，
說什麼人過四十，
就應該過尊嚴的生活，
不應該再談戀愛了。
唉，這真是大錯特錯。
——〔美〕鄧肯《鄧肯自傳》

女子中雖然有些總不能激起男子熱烈的愛情，
但也足以引起男人的喜愛。
——〔德〕歌德

少女的性情如詩歌，
成年婦女的戀愛則是哲學。
——〔日〕長谷川如是閑

戀愛的人去赴情人的約會，
像一個放學歸來的兒童；
可是當她和情人分別的時候，
卻像上學去一般的滿臉沮喪。
——〔英〕莎士比亞

愛情的真正人性，

就是善於發現愛人身上的缺點，

找出這些缺點的目的是要克服它們。

——〔蘇〕蘇霍姆林斯基

只有個性懦弱的人，

才會沉溺於悲痛之中，不能自拔。

如果我們硬著心腸，

以大無畏的精神去忍受痛苦，

偷偷地自我排解，

那麼，悲痛是持續不了多久的。

——〔法〕Ａ・莫洛亞

暫時的別離是有益的，

因為經常的接觸會顯得單調，

從而使事物間的差別消失。

甚至寶塔在近處也顯得不那麼高，

而日常生活瑣事若接觸多了就會過度地脹大。

熱情也是如此；

日常的習慣由於親近會完全吸引住一個人而表現為熱情，

只要它的直接對象在視野中消失，

它也就不再存在。

深摯的熱情由於它的對象的親近會表現為日常的習慣，

而在別離的魔術般的影響下，

會壯大起來並重新具有它固有的力量。

——〔德〕馬克思

嫉妒是一種恨，

此種恨使人對他人的幸福感到痛苦，
對他人的災殃感到快樂。
——〔荷〕斯賓諾莎《倫理學》

與其他感情相比，
只有愛情與嫉妒是最能令人消瘦的。
這是因為沒有什麼能比愛與嫉妒更具有持久的消耗力了。
——〔英〕培根《論人生》

只要一個女人一旦暴露出了她的弱點，
那麼男子的任何抵抗都必然變成殘酷的行徑，
男子只要不接受別人的愛，
總要無辜地陷入罪過之中。
——〔奧〕褚威格《愛與同情》

一個男子能夠碰到的最荒唐、最難擺脫的困境，
莫過於違背自己意願為人所愛，
這是一種折磨中最殘酷的折磨。
儘管無辜，依然有罪。
——〔奧〕褚威格《愛與同情》

沉浸在愛的幸福中的人們，
是不會意識到旁人的寂寞的。
——〔中〕冰心

如果愛一個人，
那就愛整個的他，
實事求是地照他本來面目去愛他，
而不是脫離現實希望他這樣那樣的……
——〔俄〕托爾斯泰

· 提香 · 維納斯與阿多尼斯

在我看來，

那些朝三暮四濫用感情的人，
最終應當只會感到自己一文不值。
——〔蘇〕岡察爾《旗手》

一個身在熱戀中的戀人如果不善於控制自己的激情，
那他所受的苦其實是咎由自取的。
——〔奧〕褚威格

要醫治失去一個美麗女子的創傷，最好的藥物就是——
另一個同樣美麗的女子。
——〔保〕瓦西列夫

青年男女往往在對某個具體的人懷有愛情之前，
便在自己的想像中描繪心愛的人的理想形象。
——〔蘇〕蘇霍姆林斯基

愛不受陽光的播弄，
儘管紅顏和皓齒難免遭受時光的毒手；
愛並不因瞬息的改變而改變，
它巍然矗立直到末日的盡頭。
——〔英〕莎士比亞

猛獅在戀愛中：

牠的利爪藏起來了。

——〔法〕羅曼·羅蘭

當兩個嬌生慣養的人碰在一起時，

一定會發生許多有趣的事情。

他們兩人都會要求對方關心自己，注意自己，

可是兩人都不會覺得滿意。

下一步驟就是找尋解脫之道；

其中之一開始和別人勾搭，

希望能獲得較多的注意。

有些人無法只和一個人戀愛，

他們必須同時和兩個人墜入愛河。

這樣，他們才感覺自由；

他們能從一人身邊逃到另一人身邊，

而且不必背負愛情的全部責任。

腳踏兩條船其實就是一無所有。

——〔奧〕阿德勒

理想的男人不是獨立於我們身外的抽象之物。

這個理想男人的主要部分是我們女人參與創造的，

然後我們再去適應它，

像衣服要適應身材那樣，

去適應我們所選中的男人。

——〔義〕蘇菲亞·羅蘭

愛神只教了我一種技能，

這便是如何貫徹到底，
即使感受一切痛苦也不罷休。
──〔英〕喬叟

如果妳想成為一個生活異常美滿的女人，
妳必須學會一件事，也許是生活中最重要的一課：
妳必須學會說：「不！」
──〔英〕卓別林

因為愛情的禮物是靦腆的，
它從不通名報姓，
它掠過樹蔭，
沿著塵土散布一陣歡樂的戰慄。
趕上它，不然就永遠錯過它了。
然而，一件抓得住的禮物，
不過是一朵脆弱的花，
或者是一盞行將閃爍不定的燈。
──〔印度〕泰戈爾

愛，人們散發著彼此氣息的軀體，
不需要語言就能思考著同樣的思想，
不需要意義就會喃喃著同樣的語言。
──〔美〕艾略特

愛情常常是主觀的。

我們所愛的人往往不是對方本人，
而是被我們的理想所美化、昇華了的人。

——〔法〕普魯斯特

每一個男子或女子都覺得他或她所愛的那個對象
是世界上最美，最高尚，
找不到第二個的人，
儘管在旁人看來只是很平凡的。

——〔德〕黑格爾

戀愛中的男女往往比平時聰明；
讀起書來也理解得快；
心地也往往格外善良，
為了自己幸福而也想使別人幸福，
或者減少別人的苦難；
同情心擴大就是愛情可貴的具體表現。

——〔中〕傅雷

狂暴的快樂將會產生狂暴的結局，
正像火和火藥的親吻，
就在最得意的一剎那煙消雲散。
最甜的蜜糖可以使味覺麻木；
不太熱烈的愛情才會維持久遠，
太快和太慢，結果都不會圓滿。

——〔英〕莎士比亞

你所不理解的東西，

是你無法占有的。

——〔德〕歌德

男人們在熱戀之際，

什麼荒唐話都會講，

什麼胡鬧行為都會做，

其目的無非是為了使女人順從他們的情慾。

——〔荷蘭〕伊斯拉姆斯

過分親密很不合適，

因為一對戀人在長時期內將住在同一個城市裡，

這必然會有許多嚴峻的考驗和苦惱。

——〔德〕馬克思

使愛情永遠年輕的祕密在於，

必須體現心愛的人們在激情上的交流有一種特殊的氣氛。

性的欲求、做愛的本能可以得到滿足，

但是精神上對相互接近的深刻需要是無窮無盡的。

這就是神奇的永恆的愛情的祕密。

——〔保〕瓦西列夫

人在戀愛的時候，

往往呈現滑稽的或悲劇的現象。

——〔德〕叔本華

一對年輕的伴侶會在熱戀與離異之間大幅度搖擺，

但當你經歷多了，你就會明白，

不見得每片雲彩都會下雨。

——〔義〕蘇菲亞・羅蘭

有些人為了愛情會把自己的生命移在另一個人身上，

失掉這個人就活不下去了。

——〔法〕巴爾扎克

凡是說她們再也不戀愛了的女人，

其實都十分喜歡人家去愛她們！

——〔法〕謬塞

戀愛比結婚更令人感興趣，

就像小說比歷史更有趣一樣。

——〔法〕桑弗《格言與反省》

我不希望人們對女人都是一本正經，

這樣她們將多麼的難受呀！

——〔法〕富歇夫人

傲慢的危害還不僅如此。

當你指責對方時，

會說出一些你以後會感到後悔的話。

……隨著時間推移，

這些話便在你愛人心中產生作用，

如同水滴石穿，

最後造成的結果是無可挽回的。

——〔義〕蘇菲亞‧羅蘭

看不見的和諧，

比看得見的和諧更好。

——〔古希臘〕赫拉克利特

愛人永遠不會彼此厭倦，

因為他們總是不斷在談論自己。

——〔法〕拉羅什福科《道德箴言錄》

在現實生活中，

人們大都不是和初戀的人結婚……
雖然在很多情況下這些戀情會具有持久性的影響。
——莫達爾《愛與文學》

在戀愛中的人們，
越是到處宣揚著他們的愛情的，
他們的愛情越是靠不住。
——〔英〕莎士比亞

戀愛是一個偶然的機遇，
有的人是被愛神的箭射中，
有的人是自己跌進愛神所設的羅網。
——〔英〕莎士比亞

水對什麼風都會獻出浪花，
輕浮的人對感情也是這樣。
——《人生格言》

男女雙方都想見面，
這便是愛的可靠迹象。
——〔保〕瓦西列夫《論愛情》

愛情好像影子，

有人追就逃，有人逃就追。

—— 英國諺語

嫉妒的程度與愛情的深度成正比。

——〔日〕詫摩武俊

當我們在愛的時候，
常常會懷疑我們最信任的人。

——〔法〕拉羅什福科《道德箴言錄》

年輕男女只要單獨相處的時間稍長，
總會勢所必然地出現一種電火爆發式的接觸。

——〔奧〕褚威格

人生的至高無上的幸福，
莫過於確信自己被人所愛。

——〔法〕雨果

對一顆愛情上受了創傷的心來說，
世界上其餘種種還算得了什麼呢？

——〔法〕羅曼‧羅蘭

永遠不能復合的，

往往不是那些在盛怒之下分開的情人，
而是那些在友誼的基礎上分開的情人。

——〔英〕哈代

愛情這個字事實上對女人和男人表示了不同的意義。

女人對愛情的意義了解很清楚，它不僅需要忠心，

而且要求整個身體和靈魂的奉獻，

沒有保留，沒有對其他事物的顧慮。

這種無條件的性質造成所謂的忠誠，

這種性質是她唯一所有的。

至於男人，假如他愛一個女人，

他所要的是從她那裡得到的愛；

因此他要求女人的遠勝於要求他自己的感情；

假如有些男人，他們能完全放棄欲望，

他們就必定不是男人。

——〔德〕尼采

愛的快樂同人的所有快樂一樣，

要求一定的刺激……

所以，愛需要淡淡的愁緒、

微微的妒意、懷疑和衝突作為襯托。

——〔保〕瓦西列夫

愛情和妒忌會使人憔悴。

——英國諺語

144

對一個人的了解，

用一分鐘的愛情能比幾個月的觀察更有成績。

——〔法〕羅曼·羅蘭

智慧因思慮而變成軟弱，

心靈因戀慕而痛苦不堪。

——〔英〕莎士比亞

當然，人生必有別離。

但是，無論怎樣別離，

這個人必將在另一個人的回憶中永遠活著。

——〔日〕山口百惠

當人們不再相愛時，

幾乎誰都會為他們曾有的那分愛感到羞恥。

——〔法〕拉羅什福科《道德箴言錄》

女人會愛上一個男人，

往往是愛上他脆弱的一面，

而那些在個性上具有無可救藥的，

悲劇性色彩的男人，

往往能獲得女人最多的鍾愛。

——〔加〕梅爾勒·塞恩

憎恨常常和美貌住在一起，
不要太過於草率地追求著美貌；
外表雖然能獲得你的歡心，
可是溫柔卻比美貌更加重要。
——〔德〕瓦爾特

當我們愛得太厲害的時候，
要確認別人是否已經不再愛我們了，是很不容易的。
——〔法〕拉羅什福科《道德箴言錄》

・溫斯洛・採花

嫉妒裡面，

自愛的成分多於愛人。

——〔英〕培根

愛情的最好幫手是機遇。

——〔西班牙〕塞萬提斯

愛情全由想像力來測量。

——〔日〕三木清

對愛情最大的考驗是時間上的考驗，
但這裡具有決定意義的因素不是時間本身，
而是別離期間所包含的內容，
是感情在那些道德行為中經受考驗。
別離期間生氣勃勃而富有思想的生活，
不但不會在記憶中磨滅愛人的形象，
相反會增加他（她）的魅力。
在這種情況下，
別離一旦完結，
便給人帶來極大的幸福，
他又重新感受到愛情的樂趣。

——〔蘇〕蘇霍姆林斯基

輕浮的女性動不動就會厭惡她的戀人。

——土耳其諺語

在一張絕非姣好的面龐下，
可能寓於著某種正直與信任的氣度；
相反，在美麗的雙目之間，
我也看到過閃爍著危險與狠心的戀情。
——〔法〕蒙田《人生隨筆》

戀愛就像小孩一樣，
想要什麼東西巴不得立刻就擁有。
——〔英〕莎士比亞

難道還有比一個連點脾氣都沒有的男人更乏味的嗎？
——〔義〕蘇菲亞・羅蘭

對愛情的合乎科學的哲學評論只有一個，
那就是：真正的愛情本身總是一種善。
——〔蘇〕沃羅比約夫

美貌比金子更易於引賊上門

——英國諺語

法國人認為，愛情是人之常情，
對愛情的壓抑肯定有害於每一個成熟男女的身心健康。
——〔美〕布雷多克《婚床》

眼睛如果還沒有變得像太陽，
它就看不見太陽；
心靈也是如此，
本身如果不美，也就看不見美。
——〔古羅馬〕普羅提諾

真正的愛情必定是在傾慕對方外表
和心靈的基礎上建立起來的，
缺乏內涵的外表美是容易凋謝的花朵。
——〔法〕A・莫洛亞

愛是一種甜蜜的痛苦。

真誠的愛情永遠不是在一條平坦的道路上。

——〔英〕莎士比亞

魅力是一種個人素質。

想要有魅力，

你必須注重特有的可貴點，

並將之顯示給別人，

你必須真誠地表達自己。

——〔義〕蘇菲亞・羅蘭

要想始終保持「相愛如初」，

首先愛情的對象必須具有豐富的精神世界，

善於做到永不枯竭，

只有這樣對它的不斷感知才能令人感到興奮而又神祕；

其次，鍾情者必須具備善於觀察的能力、

豐富的想像力、細膩的心靈。

沒有這些品質水乳交融般的結合，

即使最熱烈的愛情也注定要毀滅。

——〔保〕瓦西列夫《論愛情》

愛上某人不只是一種強烈的感情，

而且還是一種決定，

一種判斷，以及一種承諾。

——〔德〕佛洛姆《愛的藝術》

再沒有比那些無憂無慮、

嘗到愛情的滋味卻不相信愛情的人，
更懂得其中樂趣的了。
——〔法〕謬塞

大部分人都追求時髦，
而這種時髦不過是為了引起異性的注意而已。
裁縫、帽匠和首飾匠，
都是以這個永遠需要標新立異的行為而產生的。
——〔法〕A・莫洛亞

我不相信那種所謂持續五十年的忠貞不渝的愛情。
我對這個不感興趣，因為這一來，
愛情就變成一個令人窒息的囚籠了。
——〔法〕亞蘭・德倫

由於我們所愛的對象的不在而引起的痛苦，
就叫做「渴望」。
——〔荷〕斯賓諾莎《倫理學》

沒有表現出來的愛是神聖的。
它像寶石般在隱藏的心的朦朧裡放光，
在奇異的日光中，
它顯得可憐地晦暗。
——〔印度〕泰戈爾

一旦恩衰情愛減，

瑕疵都到眼前來。

——英國諺語

如果男女雙方在考慮到各自的交換價值的限度後，
都感到他們已找到了可在人市上交換的最佳貨色，
那麼，他們便會相互墮入情網了。

——〔德〕佛洛姆

對喜歡的男人含糊不清的語言，
也比對不喜歡的男人坦率之言，
更能擾亂心湖。

——〔法〕拉法艾特夫人

愛情並不是一種穩定的狀態，
而是雙方必然發生變化的狀態，
而正是親愛的形象的變化本身防止了厭煩。
如果雙方的變化是相互適應的
（在情趣上、目的上、
事業的共同性上或者任務雖然不同，
但卻可以互相補充），
那麼，愛情作為個人身上的人性不斷完善總和，
是能夠保持並獲得勝利的。

——〔蘇〕沃羅比約夫

所有的感情在本性上都是好的，

我們應當避免的只是對它們的誤用或濫用。

——〔法〕笛卡爾

造物主給你美貌，也給你美好的德性；

沒有德性的美貌，是轉瞬即逝的；

可是就因為在你的美貌之中，

有一顆美好無瑕的靈魂，

所以你的美貌是永存的。

——〔英〕莎士比亞

充實的思想不在於言語的富麗，

只有乞兒才能夠計數他的家私。

真誠的愛情充溢在我的心裡，

我無法估計自己所享有的財富。

——〔英〕莎士比亞

在心靈的國度裡，

那些善於游泳的水手們，

也免不了在愛情的長河中下沉。

愛情是無底的大海洋……

愛情，恰如群星中的慧星，

無規律地四處流竄……

——〔匈〕裴多菲

年輕人結婚後，

在更大程度上應是自己愛情的創造者，
而不單是愛情樂趣的需求者。
——〔蘇〕蘇霍姆林斯基

愛情需要不斷的去創造、去培養，
它不像傳宗接代的本能那樣可以遺傳、繼承。
——〔蘇〕蘇霍姆林斯基

男人有一種才能，就是他能夠愛女人——
不是始終如一地愛，也不是忠誠地愛，
也不是經常地愛，也不是長久地愛；
而是在一剎那之間——
幾年內也許只有幾分鐘的愛。
——〔英〕蕭伯納

我們之愛慕一個女子是愛她現在的樣子，
我們愛慕一個青年男子，
是著眼於他未來的前途。
——〔德〕歌德

在戀愛的感情世界中，不論是男或女——
特別是女人，都很想介入那神聖的世界。
——〔日〕鶴見祐輔

男人是女人的玩物，

女人則是魔鬼的玩物。

——〔法〕雨果

愛情是男女關係上的一種特殊的審美感而發展起來的。

愛情創造了愛，

使人對美的領悟能力敏銳起來，

促進對世界的藝術化認識。

——〔保〕瓦西列夫《情愛論》

愛你而又抗拒你的女人，是愛你不深，

愛你很深但又抗拒你的女人，則是自知你愛她並不深。

——〔法〕謬塞

如果一個男人毫不費力地得到一個女人，

那麼，他對於她的感情是不會採取浪漫的方式。

——〔英〕羅素《婚姻革命》

愛情，是一根魔杖；

能把最無聊的生活點化成黃金。

——西班牙諺語

人會燃燒成為灰燼，

至於愛情的火焰，則是永遠燃燒著的。

——〔黎〕紀伯倫

愛情的春光，

好似四月天不定的榮華，

時而表現陽光下一切的美麗，

時而黑雲帶走了一切。

——〔英〕莎士比亞

男子在愛情上所表現出的機智最富於魅力。

莊重的姑娘並不因此而受到迷惑，

而輕佻女子則極易傾心相許，

因為她們有一個極其強烈的願望——

把自己出色的男友帶到自己的情敵和女友面前炫耀。

——〔法〕A・莫洛亞

一個男子不論有多少浪漫史，

在他的心裡往往有一個永遠不會被任何人所代替的女子。

對這個女子的「壓倒一切的愛情」之不能實現，

在大多數情況下，

這就成為對異性的不穩定追求和輕率態度的主要原因。

——〔保〕瓦西列夫《論愛情》

「愛」的東西，

也跟他們的「恨」，甚至跟「淡漠」並列。

——〔英〕白朗寧夫人

愛情激蕩著活躍的情緒，

它可以使死亡的心復活，

它可以使沙漠裡有人居住，

它可以使愛人的幻影重新顯現……

——〔法〕大仲馬《紅屋騎士》

真正的愛情，

世人能理解的甚為稀少。

它能把愛的對象神格化，

它用忠誠和熱情維持自己的生命。

在它看來，

最巨大的犧牲便是最甜蜜的幸福。

——〔法〕雨果

男人與女人最大的區別是：

女人年歲愈大，

愈愛管別的女人的事情；

男人年歲愈大，

則愈不愛管女人的事情。

——〔英〕狄更斯

對於漂亮的女子，

衣裝並不使她增添魅力。

——〔法〕雨果

婦女們失了姿色，

有山窮水盡之感，

因而想重新倒退，回到青春。

——〔法〕孟德斯鳩《波斯人信札》

真的愛情是痛苦的，

而且還是沉默的。

——〔英〕王爾德

女人在青春時期是用心靈去愛，

她心甘情願地讓心愛的人占有她的肉體，

因為她看到他由此會得到什麼樣的享受。

女人在成年時期回首往事時會突然發現，

男人總是在他需要她的時候才愛她，

一旦他得到了滿足，

他就會立刻由溫存轉為嚴酷或者冷淡。

——〔俄〕索菲婭・托爾斯泰

PART 6

愛與性

性慾的長期得不到滿足，

會使初戀的歡樂變為終日的苦惱和憂鬱。

——〔保〕瓦西列夫

戀愛與性慾不是一碼事，兩者的不同在於：

性慾不需要尊重對方，不必為對方的命運擔憂；

戀愛則是崇拜對方，為對方的命運著想。

戀愛唯有理想的對象方會產生，

而性慾的對象卻可以是自己所鄙視的人。

——〔日〕武者小路實篤《人生論》

沒有和靈魂結合在一塊的肉體享受是獸性的，

而且始終都依然是獸性的，事過之後，

一個人體驗到的不是高貴的情感，而是悔恨。

——〔德〕貝多芬

性給我們帶來了歡愉。

這種歡愉是親切和強烈的，

在諸多的歡愉中，

性歡愉以其肉體和靈魂相結合的形式區別於其他歡愉，

性歡愉把感覺、思想、情感和價值融為一體。

它使我們最深刻、最強烈地體會到自我。

——〔美〕納撒尼爾‧布拉登

情慾的危險不在於情慾的本身，

而在於它破壞的結果。

——〔法〕羅曼·羅蘭

從靈與肉的二元論觀點出發，

把人的靈魂視為高尚的殿堂，

而把人的肉體視為低賤的罪惡棲息地的思想，

純屬於典型的基督教理論。

——〔日〕大井正《性與婚姻的衝突》

如果說戀愛是愛，那麼它有一個前提，

那就是我從自身的存在本質出發來愛，

並且也在他或她的存在本質中感受到另一個人的愛。

——〔德〕佛洛姆

愛，從大的方面可分成：

精神的愛和肉體的愛兩種。

肉體的愛是衝動的、強烈的，

它只能達到官能部分的而不是全部的滿足。

精神的愛則與此相反，

它雖是看不見、摸不著的，

但卻是持久、深厚的。

這種肉體的愛和精神的愛，

就表現為官能的世界和禁慾的世界。

——〔日〕濱田正秀

情慾會蒙住人的眼睛使人失去理智。

——〔西班牙〕貝雷・弗伊克斯

愛情，這不單是延續種族的本能，

不單是性慾，而且是融合了各種成分的一個體系，

是男女之間社會交往的一種形式，

是完整的生物、心理、美感和道德體驗。

只有人才具有複雜而完備的愛的感情。

——〔保〕瓦西列夫

在性生活中，

一個最關鍵的因素是如何使我們所愛的人獲得歡愉。

我們體驗到的是我們的人格而不僅僅是肉體，

是使對方獲得歡愉的源泉。

我們並不是機械的性對象。

——〔美〕納撒尼爾・布拉登

對性行為對象的過分高估時，

人們會想使自己免於陷入痛苦。

而一旦性對象被降了格，

肉慾便能暢行無阻，

行使相當的性能力，

因而達到高度的快感。

——〔奧〕佛洛伊德

失去理智和理想的單純的肉慾，

是一樁極大的罪惡。

——〔蘇〕蘇霍姆林斯基

如果男女之間相互了解的願望
僅僅限於性接觸的直接要求，
那麼實際上就只是似是而非的愛情，
或者就是感情上的欺騙行為。
——〔保〕瓦西列夫《論愛情》

人類為了性慾的滿足，
才先有對異性的深刻觀察，
或者為了選擇終身伴侶而神思恍惚，
從而產生纏綿悱惻如癡如狂的戀愛。
最後，再演變成雙親對子孫的過度愛情。
——〔德〕叔本華

男人面對著他所尊重的女人，
性行為總是頗受威脅。
只有在對付較低級的性對象時，
他才能行動自如，為所欲為。
——〔奧〕佛洛伊德

·克林姆·吻

性慾是一股強大的力量，

如果失去控制，
它就可能成為災難。
——〔保〕瓦西列夫

男女之間柏拉圖式的、非肉體的、「曇花一現」的愛，
也就是沒有性衝動的愛，在社會生活中是不存在的。
——〔保〕瓦西列夫

愛情是由個人的依戀心的性質
（選擇性、效力、深度和持久性），
是由與青年友誼相聯繫的個人交際的品質決定的。
一方面，愛情被認為是一種具體渴望和要求，
這種強烈的情感恰如古代希臘人稱之為情慾的要求；
另一方面，愛情是一種無私的獻身的需要，
在相互關心的前提下，
一對情人緊緊地結合在一起，
這種愛情是高尚的。
在某種意義上講，
性慾的愛情與高尚的愛情是相對立的。
第一類愛情主要是為了索取，
而第二類愛情則是為了奉獻。
這是同一種感情的兩個不同的含義。
——〔蘇〕科恩

愛情如果由肉體來引導，

那麼，它的行進目的只在床笫之間，
那是愛的自殺。
—— 〔黎〕紀伯倫

性的關係在人類世界扮演極重要任務，
它帶著各式各樣的面罩到處出現，
是一切行為或舉動之不可見的中心點；
它是戰爭的原因，也是和平的目的；
是嚴肅正經事的基礎，也是戲謔開玩笑的目標；
它是智慧無盡的泉源，也是解答一切暗示的鎖匙——
男女間的互遞暗號、秋波傳情、借窺視以慰慕情等，
這一切，無非基於戀愛。
—— 〔德〕叔本華

戀愛如果是一種愛，就應該有一個前提。
從自身存在的本質出發去愛——
從他人存在的本質中去感受他人。
—— 〔德〕佛洛姆

凡俗的情人，
愛肉體過於愛心靈的。
他所愛的東西不是始終不變的，
所以他的愛情也不能始終不變。
—— 〔古希臘〕柏拉圖

一旦情慾的滿足太過輕易，

它便不會有什麼價值可言。

——〔奧〕佛洛伊德

肉慾的增長並不意味著愛得深。

哪怕人格降到最低點，

性慾的奴隸也不會感到恥辱。

真正的戀愛具有提高人們人格的能力，

而絕不會使之降低。

因而，態度卑劣而又覥不知恥的人，

不配享受真正的愛情。

——〔日〕武者小路實篤

我們承認性和愛情雖有聯繫，

但顯然也有區分。

我們承認性的需要並不一定是隨愛情而產生的，

滿足性的需要的過程可能恰巧發生在缺少愛的情況下。

但這不是關鍵。

我們同樣也要承認一點，

最偉大和最強烈的性體驗，

是在愛情過程中誕生的，

它是作為愛的體驗而產生的。

——〔美〕納撒尼爾‧布拉登

愛情在於精神而不在於肉體，

我們了解此點，
就像是飲酒有助於活躍思路、而不是致醉一樣。

——〔黎〕紀伯倫

只有在精神和意志能戰勝肉體和情慾的地方，
幸福才會保持下來。

——〔俄〕索菲婭・托爾斯泰

性慾是一種最激烈的情慾，
是欲望中之欲望、是一切欲望的匯集，
而且，如獲得個人式性慾的滿足——
針對特定的個體，
就能使人覺得有如擁有了一切，
彷彿置身於幸福的巔峰，
或取得王冠似的；
反之，則感到一切都失敗了。

——〔德〕叔本華

任何自然賦予的人類的本能，
其本身不是罪惡。
只有當這個本能超越了某種限度，
成為病態時，
罪惡便產生了。

——〔日〕武者小路實篤

如果幸福在於肉體快樂，

那就應當說：牛找到草吃時是幸福的了。

——〔古希臘〕赫拉克利特

夫妻生活中，

性生活無疑是重要內容，

和諧、體貼、健康的性生活

會使蜜月中的幸福花朵常開不謝。

但切不可過分沉湎於性生活，

更不應隨意放縱；

無節制的性生活會磨滅人們的事業心，

會使人精神委靡。

結婚絕不僅僅是為了過性生活。

——〔科威特〕穆尼爾・納素夫

愛情不能單純地從動物的性的吸引力中培養出來。

愛情的「愛」的力量

只能在人類的非性慾的愛情素養中存在。

一個青年人如果不愛他的父母、同志和朋友，

他就永遠不會愛他所選來做他妻子的那個女人。

他的非性慾的愛情範圍愈廣，

他的戀愛也就愈為高尚。

——〔蘇〕馬卡連柯《父母必讀》

激情、生理的欲望並不是愛情。

情愛就本質而言是一種精神狀態，
只有這種精神狀態才使人有肉體上接近的權利。
—— 〔蘇〕沃羅比約夫

那些想把愛情視為情慾，
把精神一致單純建立在這種所謂的愛情之上的人，
恰恰不會珍視愛情，
因為他們竭力把整個精神生活貶低為幾句忠貞不渝的話，
貶低為接吻和爭風吃醋。
—— 〔蘇〕蘇霍姆林斯基

精神生活與肉體生活在人身上處於對立的地位：
精神生活一達到相當的高度就會輕視肉體生活，
或者視肉體為附庸。
—— 〔法〕丹納

對於性方面的事，人們一般是不坦率的。
他們不會無拘束地表達自己的性慾，
而是披上一件厚厚的外衣——
用謊言編織成的衣服來掩蓋它，
好像性世界存在著惡劣的氣候。
他們並沒有錯，在我們的文明社會裡，
太陽和風都不利於性生活的暴露。
—— 〔奧〕佛洛伊德

沒有性慾就不可能有愛情。

——〔蘇〕沃羅比約夫

今日文明世界裡男人的愛情行為，

一般而言，沾染了濃厚的心理性無能色彩。

世上沒有多少人能把情和慾妥善地結合為一；

男人面對著他所尊重的女人，

性行為總是頗受威脅，

只有在對付較低級的性對象時，

他才能行動自如，為所欲為；

當然，造成這個現象的也還有另一成分參與，

那就是，他不向他所敬重的女人要求不合禮俗的性滿足。

——〔奧〕佛洛伊德

對性慾合乎道德要求的高度的自我控制，

可以促使一個人的愛情

產生對未來的憧憬和對未來的負責精神。

愛情的真正高尚氣質就在於此。

愛情越純潔高尚，

它在性結合的追求上表現得越少，

心靈中的友誼就越牢固，

小夥子對姑娘真正的美——

心靈美就越崇敬。

——〔蘇〕蘇霍姆林斯基

除了在極其短暫的時刻，

沒有愛情的性行為根本不可能填補人與人之間的鴻溝。

——〔德〕佛洛姆

時裝一般都特別突出女人的敏感部位，

以加強性感刺激。

千變萬化的時裝式樣令人驚嘆不已。

這種藝術已存在了若干世紀，

全都是為了性的美化和滿足男人的視覺享受。

——〔保〕瓦西列夫

性本能的成分中很突出的一點就是能夠進行這樣的昇華，

並把它們的性目標轉變成為更有活力，

更有社會價值的目標。

——〔奧〕佛洛伊德

兩性的愛最值得我們注意……

顯然，這種感情在它的最自然狀態下，

是由三種不同的印象或情感的結合而發生的，

這三種情感就是：

（1）由美貌發生的愉快感覺；

（2）肉體上的生殖欲望；

（3）濃厚的好感或善意。

——〔英〕休漠《人性論》

戀愛是希望肉體長存的欲望的表現，

這種以繁衍的方式達到永生的欲望是戀人的。

——〔古希臘〕柏拉圖

愛情是一種複雜的、多方面的、內容豐富的現象。

愛情的根源在本能，在性慾，

這種本能的欲望不僅把男女的肉體，

而且把男女的心理推向一種特殊的、

親昵的、深刻的相互結合。

但是愛情又不僅僅是一種本能，

不僅僅是柏拉圖式的神奇劇、淫慾、直觀和精神的涅槃。

愛情把人的自然本質和社會本質聯結在一起，

它是生物關係和社會關係、

生理因素和心理因素的綜合體，

是物質和意識多面的、深刻的、有生命力的辯證體。

——〔保〕瓦西列夫

追求肉慾，是身體的需要，

是由想像刺激起的一種肉體的要求。

它隨節制而加強，

因此要擺脫它是非常困難的。

最好的方法是工作和事業。

虛榮是對別人害處最少，

而對自己最有害的熱情。

——〔俄〕托爾斯泰

如果婚姻純粹是建立在

肉體的吸引力和性滿足的基礎上，
那麼它便不能作為一種制度存留下來。

——〔美〕李普曼

從各方面看，

這種愛情裡確實有一種高尚的品質，

因為它不只停留在性慾上，

而是顯出一種本身豐富的高尚優美的心靈，

要求以生動活潑、勇敢和犧牲精神和另一個人達到統一。

——〔德〕黑格爾《美學》

禁慾不可能造就粗獷、自負、勇於行動的人，

或是富有創造力的思想家，

大無畏的拓荒者或改革家；

通常它只造就「善良」的弱者，

終不免淹沒於大眾裡，

只能痛苦地聽任那些凡事自我主張的強者來擺佈。

——〔奧〕佛洛伊德

肉慾是一種強烈的東西。

當人的精神處於極度不安時，

他就自然而然地要在各種各樣的強烈的感覺中，

去忘掉這種不安。

——〔法〕A・莫洛亞

人類的繁殖原屬自然界的重要活動，

因此每一個男人，不論年輕或者年老，

每遇見一個女人，總會估量一下他與對方之間的性的可能。

——〔英〕卓別林

古代與現代情慾生活的差別裡最驚人的是：

古人看重本能本身，

而我們太強調對象的重要性。

古人視本能為萬有之源，

甚至不惜因而提升低級的性對象；

我們則蔑視本能的活動本身，

只有面對美好的對象時，

我們才能縱容其活動。

——〔奧〕佛洛伊德

青年知識分子往往因禁慾而更專注於其工作，

而藝術家卻常因性經驗的激盪而有所創作。

——〔奧〕佛洛伊德

健康正常的愛情。

須依賴兩種感情的結合——

我們可以這麼說，

一方面是柔情的，摯愛的情，

一方面是肉感的慾念。

——〔奧〕佛洛伊德

・蘭波卡・兩位朋友

男人在談情說愛時習慣於胡說八道，

為了迫使女人委身於他的情慾，
他什麼荒唐事都幹得出來。
——〔荷蘭〕埃拉斯穆斯

一個女人在戀愛中就會忘記了她自己，
忘記了她自己的利益。
她所想到的一切都是關於她愛著的那個男人的，
她對於他有什麼意義，
她怎樣才能使他幸福，
她活著就是為了適合他的需要。
——〔瑞典〕英格麗·褒曼

愛遠非僅僅是性交的欲望，
它也是免除孤獨的主要手段，
因為大多數男女在他們的大部分人生中，
都會有孤獨之感。
——〔英〕羅素《婚姻革命》

我們不應該企圖把性的衝動，
從它的全部能量與特定的目標相分離。
這是做不到的，
如果對於性慾的限制走過了頭，
將產生掠奪的罪惡效果。
——〔奧〕佛洛依德

有無數的婦女是以男性的類型來愛的，

其特點就是她們發展出了對性對象的崇拜。

——〔奧〕佛洛伊德

伴隨文明而來的種種不滿，

實乃性本能在文化壓力下畸形發展的必然結果。

而性本能一旦受制於文化，

沒有能力求得全盤的滿足，

它那不得滿足的成分，乃大量升華，

締造文明中最莊嚴最美妙的成就。

如果人類在各方面都能滿足其欲樂，

又有什麼能催促他把性的能源轉用在其他地方呢？

——〔奧〕佛洛伊德

在性慾基礎上產生的愛情精神成分具有一定的獨立性。

儘管這些成分是派生的，

但它們在一定範圍內擺脫了對延續種屬的本能的從屬性，

成為一種心理的和道德的力量，

而不受自然規律的「支配」。

愛情的精神力量使男女之間的感情，

在性慾這種強有力的生物刺激因素消失之後，

也不至於冷卻。

——〔保〕瓦西列夫

PART 7

愛與婚姻

囉唆的妻子，

比貧窮、浪費、不信任等更使丈夫不幸。

——〔美〕卡耐基夫人

在幸福的婚姻中，

每個人都應尊重對方的趣味與愛好。

以為兩個人可有同樣的思想，

同樣的判斷，

同樣的欲望，

乃是最荒唐的念頭。

——〔法〕莫洛亞

如果你每天都希望生活得十分美滿，

就永遠也不能去干擾妻子的家務，

更不能把她做的拿去與自己母親做的相比較，

那只會招徠嫉恨。

相反，應該經常鼓勵她做的家務，

而且公開地慶幸自己娶了這位唯一把維納斯、

密涅瓦和瑪麗安三女神融於一身的女人。

即便是牛排做得像皮草，

麵包烤得像炭碴也不要發牢騷。

只是說這頓飯沒有做出她以前精采的水準，

這樣她就會急切地去廚房，

拼命地要達到你對她的能力所做出的評價。

——〔美〕戴爾·卡耐基

夫妻間之所以會吵架，

是由於無事可談，
於是吵架就成了唯一打發時間的方法。
──〔法〕蒙特蘭

妻子對年輕的男主人來說是女主人，
對中年男子來說是朋友，
對老人來說是護士。
──〔英〕培根

合格的妻子應該通過自己的努力
使丈夫成為社會財富的創造者。
──〔科威特〕穆尼爾‧納素夫

不應當挖空心思地企圖改造對方，
而應當想方設法地理解對方，認識對方。
──〔日〕國分康孝

在婚姻關係中，
禮貌的重要僅次於小心選擇伴侶。
但願少婦們對自己的丈夫，
都能像對陌生人那般有禮。
任何男人都會被一張利口給嚇跑的。
──〔美〕華特‧丹羅區夫人

沒有比把丈夫拴在自己裙邊更壞的事情了。

——〔俄〕索菲婭·托爾斯泰

美滿的婚姻乃是難得一遇的。

經常可以見到許多不出色的丈夫，

卻有一位美麗的妻子。

這莫非是因為這種丈夫由於具有不多的優點，

反而更值得被珍視嗎？

——〔英〕培根

一個合格的、有理智的妻子

和一個專橫的、利己的妻子之間的區別是頗大的。

前者在婚前就成熟了，

後者至死也難以覺悟；

前者使丈夫增加才華和智慧，

成為一個德才兼備的高尚的人，

後者則使丈夫鑽進錢眼裡，唯利是圖，

成為一個無德無才的庸人俗子；

前者會理智地協調生活，

會找到一條維護他們的婚姻、

保持家庭生活美滿和睦的正確道路，

而後者必將導致家庭生活的混亂，

使可能「好轉」的家境敗落。

——〔科威特〕穆尼爾·納素夫

女人都具有創造善良丈夫的天才。

——〔法〕巴爾扎克

今天仍有很多婦女總是喋喋不休地來鼓勵丈夫，
但是除了特殊的情形以外，她們是很少成功的。
——〔美〕卡耐基夫人

如果一個男子在一個女子心目中是這麼樣的卑鄙，
以致一旦發生爭吵，
他就連自己的子女也不願負擔的話，
一個女人又怎麼能夠跟這樣的一個男人結婚呢？
——〔美〕鄧肯《鄧肯自傳》

如果你和你所不愛的女人結婚，
你便是徹頭徹尾的壞蛋，
一點善良也沒有。
一個女人在婚前也許不會愛男人，
可是在婚後卻會表現真心的愛。
——〔英〕蕭伯納

缺少愛情即無美滿的婚姻。
——〔法〕羅曼‧羅蘭

第一個妻子是結髮，

第二個妻子是結伴，
第三個妻子是結冤。
——英國諺語

光工作而不休息，
使婚姻生活變得枯燥單調。
懂得和丈夫享受樂趣的妻子，
是最好的伴侶。
——〔美〕卡耐基夫人

如果丈夫偶然提起碰到了昔日情人，
你千萬不能用惡言去諷刺他。
——〔美〕卡耐基夫人

女人，就男人的工作來說，
是一個大的絆腳石。
因為當一個男人和女人戀愛時，
做起任何事來都感到困難。
所幸這裡有一種使戀愛不致妨礙工作的方法，
那就是和你所愛的女人結婚。
——〔俄〕托爾斯泰

家有美妻的人，需要有兩個以上的眼睛。
——英國諺語

你和我一樣都很知道，

女人天生有六個願望：她希望丈夫勇敢、聰明、富有、大方、
順從妻子的意願、在床上活潑。

——〔英〕喬叟

幸福的婚姻並不是聽其自然就能得到的，

成功的婚姻必須創造。

在婚姻的藝術中，

瑣事往往都是大事……

——〔美〕A・波特森

婦女絕不僅僅是為自己和自己的丈夫刻著意打扮，

她們花費一些時間來打扮自己，

也是為了在女友和相識的女人之間炫耀自己的美麗。

婦女想聽到丈夫的讚美之詞的願望，

遠不如想從其他姊妹口中爭奪華麗詞藻的願望強烈，

特別是當她們聚集一處，

明顯地感到周圍注視著自己的目光咄咄逼人，

嫉妒之情溢於言表的時候。

——〔科威特〕穆尼爾・納素夫

除非為保健康，延子嗣，

應該注意節慾，

切勿因縱慾而弄得精神委靡，虛弱無力，

或損及自己或他人的寧靜或名譽。

——〔美〕富蘭克林

丈夫畢竟是一家之主，

妻子向他坦白以往的祕密是很危險的。

——〔法〕司湯達爾《紅與黑》

一個家庭要採取任何行動之前，

夫妻之間要麼是完全破裂，

要麼是情投意合才行。

當夫婦之間的關係不確定，

既不這樣，又不那樣的時候，

他們就不可能採取任何行動了。

——〔俄〕托爾斯泰

結婚必須與吞進一切的妖魔，長期作戰。

那個妖魔就是——習慣。

——〔法〕巴爾扎克

若是戀愛先於結婚，

婚後生活的煩惱，

包準毀滅了婚前的愛情。

——〔法〕司湯達爾

愛情裡面如果摻雜了和它不相關的顧慮，

那就不是真正的愛情。

——〔英〕莎士比亞

結婚的幸福

是來自夫妻間的「心有靈犀一點通」。

——〔法〕巴爾扎克

假如夫婦之間沒有任何精神上的共鳴，

或者他們的精神需求十分貧乏，

而僅僅依靠好感和情感關係來維繫，

那麼，他們各人的心理氣質所帶有的某些特點，

到一定時候就會叫他們的共同生活發生劇烈的擺動。

——〔蘇〕扎采賓

兩性的結合，

只有在它給雙方帶來幸福時，才是神聖的。

一旦出現弊多於利的情況，

這種結合也就自然而然地自行解體了。

堅貞不渝，其本身並不是什麼美德，

因為它在某種程度上意味著

要容忍自己所選擇的配偶的各種重大缺點，

在這種情況下，它甚至還是一種罪孽……

——〔英〕雪萊

婚姻既可惡又可憎。

它是人們為了降服驕傲心靈

而鍛造出來的一條最沉重的鎖鏈。

——〔英〕雪萊

一個天才妻子總是處在和丈夫
既十分親近又十分疏遠的境地，
因為「天才」的存在，
似乎使所有其他人都黯然失色！
——〔法〕A・莫洛亞

・德爾沃・保爾・焦慮的城市

婚姻生活中最重要的事就是忍耐。

——〔俄〕契訶夫《決鬥》

戀愛不會因結婚而終止；
愛的事業是永無止境的。
　　——〔法〕大仲馬

要建立良好的夫妻關係，
思想上的和諧與肉體方面的和諧都是必不可少的。
　　——〔英〕艾爾默·莫德

不能希冀丈夫頂著神的光暈，
妻子帶著天使的翅膀。
不應在對方身上尋求完美，
而要使自己變得寬容隨和、理解和幽默。
　　——〔美〕A·波特森

夫妻間的和睦也同友情一樣，
最美滿的是雙方都既不掩飾自己，
又能協調相處。
欺騙性的結婚是不幸的。
　　——〔日〕武者小路實篤

婚姻是一種必要的苦惱。

──〔美〕羅納德・斯蒂爾《李普曼傳》

在父母那裡幸福的不算是真正的幸福者，
在丈夫那裡幸福的才是真正的幸福者。
──俄羅斯諺語

婚姻是青春的結束，
人生的開始。
──〔英〕莎士比亞

一對已經受過愛情磨鍊的夫婦，
因為過了難關，
手攙手走著，
對於他們的前途和腳力很有把握了。
各人都相當的強，
足以支持對方，
領導對方；
同時自己也相當的脆弱，
需要受對方的支持與領導。
──〔法〕羅曼・羅蘭

夫妻或手足之間，

最危險的莫過於死了心，
一味地避免爭執。
——〔日〕藤本義一

倉卒的婚姻很少是美滿的。
——〔英〕莎士比亞

有什麼樣的丈夫就有什麼樣的妻子，
你的妻子似水井，
你在水中可以照出自己，
對你的妻子來說也是同樣的。
——〔蘇〕蘇霍姆林斯基

沒有衝突的婚姻，
幾乎與沒有政潮的政府同樣無法想像。
只有當愛情排解了最初幾次爭執之後，
當感情把初期的忿怒化為溫柔的、嬉戲似的寬容之後，
也許夫婦間的風波才將易於平復。
——〔法〕A・莫洛亞《論婚姻》

和丈夫談不來的妻子，
實在沒有資格成為真正的妻子。
——〔美〕卡耐基夫人

對終身伴侶的要求，

正如對人生一切的要求一樣不能太苛。

——〔中〕傅雷

你如果把妻子看成驢，

她會把你當成牛或馬。

——英國諺語

對今天的每一個女人來說，

重要的一點是，除了婚姻，

她還應擁有一些東西。

假如我能重新開始生活，

我想我也許不會在那麼年輕的時候就渴望結婚。

——〔義〕蘇菲亞・羅蘭

一個女孩結了婚，

便將原本對許多男人的目光，

換成是只對一個男人的注意力。

——〔法〕海倫・羅蘭

要達到婚姻的幸福，

必須攀登一座有著狹隘的山路和峭岩的高山。

——〔法〕巴爾扎克

女子在沒有結婚的時候，
不要別的，只要丈夫；
但是有了丈夫以後，
就一切都要了。

——英國諺語

新娘的羞容只到家門口，
一跨過門檻就忘記了。

——歐洲諺語

夫妻好比同一把琴上的弦，
他們在同一旋律中和諧地顫動，
但彼此又都是獨立的。

——〔黎巴嫩〕紀伯倫

做壞生意是一次，
討壞老婆是一世。
梳頭不好一朝過，
嫁夫不好一世錯。

——中國諺語

讓「愛」及早結束，

與其用筆寫還不如用嘴說。
——〔法〕拉克羅

在婚姻生活裡，每個人都需要有一些空間。
不只是物理的空間——
像一個小房間，可以把自己關在裡頭；
還有心理的空間，
心理的空間可以假想為一個人心理上的小房間。
——〔美〕歐尼爾夫婦

姣好的妻子和邊塞的城堡，
都很容易產生糾紛。
——英國諺語

成功的婚姻之訣竅乃在於把一切災難化為小事，
而不是把任何小事變成災難。
——〔美〕哈洛德·尼爾森

互相研究了三週，相愛了三個月，
吵架了三年，彼此忍耐了三十年——
然後輪到孩子們來重覆同樣的事。
這就叫做「婚姻」。
——〔法〕泰恩《生活與意見》

結婚對女性來說，

乃是與自己的過去訣別，
是自己人生中的一場背水之戰。
——〔日〕國分康孝

婚姻絕非如羅曼蒂克的人們所想像的那樣；

而是建築於一種本能之上的制度，

且其成功的條件不獨要有肉體的吸引力，

且也得要有意志、耐心、相互的接受及容忍。

由此才能形成美妙的堅固的情感，

愛情、友誼、動感、尊敬等等的融和，

唯有這樣才是真正的婚姻。

——〔法〕A‧莫洛亞

只為金錢而結婚的人，其惡無比；

只為戀愛而結婚的人，其蠢至極。

——〔英〕約翰生

為什麼一個女人花了十年的功夫來改變一個男人的習慣，

然後卻又抱怨，他和當初她嫁他的時候不一樣？

——〔美〕芭芭拉‧史翠珊

妻子是家庭的鑰匙。

——英國諺語

沒有真正的愛情的婚姻，

是一個人墮落的起點。

——〔美〕海明威

任何丈夫，都比較喜歡精神飽滿的妻子。

對那因疲勞過度而毫無生氣的妻子，實在感到頭痛。

——〔美〕卡耐基夫人

良好的婚姻關係就像是兩個在水中游泳的人，

倆人各游各的泳，卻保持著一種默契，

時時留心彼此的安危。

——〔加〕梅爾勒・塞恩

戀愛是以快樂為目的，

而結婚則是以整個人生為目標。

——〔法〕巴爾扎克

幸福的家庭都是相似的，

不幸的家庭各有各的不幸。

——〔俄〕托爾斯泰

家之賢妻猶如國之良相。

——英國諺語

養育女兒並不難，

挑個良緣則頗不簡單。

—— 歐洲諺語

賢良的妻子和健康的體魄，

是一個男人最好的財富。

—— 英國諺語

你若覺得自己的婚姻可能會觸礁，

為何不列出你的伴侶令你喜歡的地方，

並且，再舉出一些自己可能讓人難以忍受的地方。

這樣可以使你的生活完全改變。

—— 〔美〕戴爾‧卡耐基

一個輕佻的妻子，

會造成一個心情沉重的丈夫。

—— 〔英〕莎士比亞

不能跟著時代進步，

也不能和丈夫談得來的妻子，

不僅不能幫助她丈夫成功，

而且，永遠無法獲得婚姻生活的美滿。

—— 〔美〕卡耐基夫人

越是大事業家，

就越是需要一位能為自己捧場的妻子。

——〔美〕卡耐基夫人

假使夫妻兩人都決心要保留個人的自由，
真誠的愛情關係就沒有實現的可能。
這不是愛情。
在愛情關係裡，我們並非無拘無束，
可以肆意行動的。
我們必須受合作的約束。
　　——〔奧地利〕A・阿德勒

對丈夫說：「你呀！無論如何也不會成功！」的妻子，
只會使這句話更快地實現罷了！
　　——〔美〕卡耐基夫人

人人都愛自己，
這是由於自愛出於天賦，
並不是偶發的衝動。
　　——〔古希臘〕亞里士多德

鄰居別後才知可貴，
妻子死後才知難缺。
　　——蒙古諺語

藐視你的妻子，

等於藐視你自己。

—— 西班牙諺語

結婚以前，愛情是美好的、熾烈的、

令人苦悶的，無法言傳的，

但結婚以前相愛的人，只能表現出一陣迸發，

一種對愛情的嘗試。

愛情是不完全的，它只是開始，只是瞬息間的，

但卻是強勁而猛烈的熱情——

足以久久震撼一個人的整個機體的熱情。

——〔俄〕果戈理

過去她曾是你魂牽夢縈，

但又似遙不可及的一顆星。

曾幾何時，等你一摘下這顆星，

星星原本神祕的光彩頓時盡失，

原來它只不過是一塊石頭而已。

這樣的發現是很痛苦的。

難怪大家要說：「婚姻是愛情的墳墓。」

——〔加〕梅爾勒・塞恩

使鈍刀子不如用嘴啃，

娶壞女人不如打光棍。

——維吾爾族諺語

婚姻是一種非常高的理想，

它的結合需要我們做出許多的努力和創造力，
不是身心健康的人，是很難負起這個重擔的。

——〔奧〕阿德勒

過分強調性的婚姻，

帶來的總是歪曲的看法。

似乎男女間天然的差別已成了決定婚姻成功與否的關鍵。

事實上，一個女人儘管肥臀隆乳、

腰如水蛇、香氣撩人，也無法改善其婚姻。

如果他們的婚姻並不幸福，

她的丈夫終會寧可去接近一個胸部平坦、

衣著樸素、不擦香水的女人。

——〔美〕蘭德勒

終結一場婚姻，

無論是青年、中年或老年，

其痛苦的程度大都一樣，

無論其婚史長短，

也都同樣難堪。

——〔美〕詹姆斯‧瓦根伍爾、佩頓‧貝利

結婚後夫妻的關係並不是單方面的要求和給予，

而是必須各盡所能，各得其所，

才可以發揮愛的極致。

——〔英〕蕭伯納

有好的孩子，

就有快樂的父母。

—— 英國諺語

大部分危害到婚姻生活的不幸，

都起於對小事的疏忽。

夫妻之間的快樂，

是非常細緻的結構，

絕不可以粗率地處理。

它是朵敏感的植物，

它甚至受不了用力地觸摸；

它是朵嬌貴的花朵，

漠然會使它冷卻，

猜疑則使它枯萎。

必須灌溉以溫柔的情愛，

藉親切歡樂的光輝而開展，

並以牢不可破、堅不可搖的信心之牆作為防守。

這樣成熟以後，

它便會在生命的每個季節裡綻放出芳香，

並且甘甜至暮年時的寂寞。

—— 〔美〕湯瑪士・史波拉

婚姻不能聽從已婚者的任性，

相反的，已婚者的任性，

應該要服從婚姻的本質。

—— 〔德〕馬克思

和睦可以建造大廈，

而猜疑卻只會使它毀滅。

——德國諺語

家，是抵禦一切可怕東西的庇護所。

陰影、黑夜、恐怖，不可知的一切都給擋住了，

沒有一個敵人能跨進大門。

爐火融融，飽餐的喜悅，親人的聲音，

一切都有一副可喜的神奇面貌。

——〔法〕羅曼·羅蘭

真正的考驗是在痛苦之中。

當兩人通過了這兩種人生的考驗，

在這過程中，

每個人的優缺點都暴露無遺，

也觀察了彼此的性格時，

他們就可以手攜手一直到走進墳墓了。

——〔法〕巴爾扎克

夫妻間的這種友誼就是崇高的愛情，

夫妻不僅是肉體的結合，

更重要的是精神結合，

世上還有什麼能比得上和睦的家庭關係

更能使人精神愉快、樂趣無窮呢？

——〔科威特〕穆尼爾·納素夫

家居的快樂，

是所有志向的最終目標；
是所有事業和勞苦的終點。
——〔英〕山繆爾・約翰遜

家是世界上唯一隱藏人類缺點與失敗的地方，
它同時也是蘊藏著甜蜜與愛的地方。
——〔英〕蕭伯納

每個丈夫會發現自己妻子的某些缺陷，
反之亦然，這是正常的。
但是由於第三者的好意的過問，
這種批評態度反而會轉變為感情不好和長期的不和。
——〔德〕恩格斯

那種從早到晚，
整天廝守的幸福，我受不了。
我可以當一個非常好的丈夫，
只是要給我一個像月亮一般的妻子，
它將不是一整天都在我的天空中出現。
——〔俄〕契訶夫

家庭是每個人的城堡。
——〔蘇〕科克《法律提要》

把愛情和婚姻當作和天堂一模一樣，是錯誤的，

把結婚當作是戀愛史詩的終結，也是錯誤的。

當兩個人結婚後，

他們的各種關係才算是正式的開始，

婚姻裡他們才面臨了生活的真正工作，

也才有了為社會而創造的真正機會。

——〔奧〕阿德勒

·費斯科·愛

我認為，一般來說，

只有通過職業、家庭和社會活動三者協調的生活，
女性才能獲得完美的人格。
——〔日〕富士谷篤子

幾乎所有的夫婦都會吵架，
雖然許多人羞於承認。
事實上，一個沒有吵架的婚姻若非已走向盡頭，
便是由於夫妻感情不好正步向死亡中。
如果你還關心婚姻，你才會吵架。
——〔英〕弗羅拉·大衛

上帝給予人的恩惠與禮物，
是一個溫順、仁慈、聖潔，以及善於治家的妻子，
你可以安靜的和她共同生活，
付託給他一切的財產，
包括你的身體與生命。
——〔德〕馬丁·路德

為了使她的婚姻成功，
一個心理成熟的妻子必須是一個女演員，
能在舞台上扮演大約二十五種的角色，
並且能一瞬間就變換過來。
——〔美〕歐尼爾夫婦

家是父親的王國，

母親的世界，
兒童的樂園。
——〔美〕愛默生

求婚、結婚和後悔，

就像是蘇格蘭快舞、三步舞和五步舞一樣：

開始求婚的時候，正像蘇格蘭無一樣狂熱，

迅速而充滿幻想；

到了結婚的時候，循規蹈矩的，

正像三步舞一樣，拘泥著儀式和虛文；

於是接著來了後悔，

拖著疲乏的腳步，

開始跳起五步舞來，

愈跳愈快，

一直跳到精疲力盡，

倒在墳墓裡為止。

——〔英〕莎士比亞

人們將兩個幾乎永遠不相配的、互相厭恨的人，

毫無挽回餘地，

毫無希望地維繫在一起；

這種辦法，

就像古代的暴君，

將活人與死屍捆縛在一起一樣。

——〔法〕孟德斯鳩

愛情濃厚的夫妻生的孩子，

往往賦有愛情的特色：溫柔，活潑，快活、高尚、熱心。

——〔法〕巴爾扎克

那種把結婚僅僅看作是一種享受、

消遣或對於某種利益的追求的人，

應該懂得結婚首要的是挑起建設一個小家庭的重擔，

為了共同的幸福和歡樂，

要付出最大努力和必要的犧牲。

——〔科威特〕穆尼爾·納素夫

夫妻應該相互敬重，

一方面要尊重對方的愛好，

一方面應努力使自己喜愛對方之所愛。

一致的愛好如同一杯醇香撲鼻的美酒，

但有益的、不同的愛好，

也是無異於一個美味的拼盤。

——〔科威特〕穆尼爾·納素夫

未曾熱烈地談過戀愛的男人，

其人生的一半，

且是美好的一半，

被埋沒了。

——〔法〕斯湯達爾

對於亞當而言，

天堂是他的家；然而對於亞當的後裔而言，
家是他們的天堂。
——〔法〕伏爾泰

人生當年輕且在熱戀階段，
無論對任何事，
均會與愛有所聯想。
——〔法〕聖・普馬

令人感到最快樂的瞬間，
就是在兩個人訴說著任何人都聽不懂的話，
任何人均不知道的祕密與樂趣之時。
——〔德〕歌德

愛一個女人，
一定會將自己的童年往事說給她聽。
——〔法〕P・尼桑

PART 8

愛的格言

戀愛最麻煩的地方，

是如果沒有對象便無法辦到這一點。

——〔法〕波多雷

失戀總比未曾愛過來得好些。

——〔英〕丁尼生

愛情來得越遲，便越激烈。

——〔羅馬〕奧維德

戀愛在男人一生中，

只不過是一段插曲；

但對女人而言，

卻是一生的歷史。

——〔法〕斯塔爾夫人

戀愛中的女人，

最大的幸福，

就是被愛她的男人，

視為自己的一部分。

——〔法〕包法爾

無法誘惑人的人，

也無力拯救人。

——〔丹麥〕凱克哥爾

即使再傻、再古怪的男人，

也會認為和女人交往較為有趣。

與其和男人交往，

還不如回家看書。

——〔日〕萩原朔太郎

當女人發誓深愛你時，

通常都不能相信；

但當她發誓不愛你時，

最好還是相信。

——〔法〕蒲爾傑

戀愛往往是因為未被問及事實真象而造成破裂，

與友情常由於某種謊言而破裂的情形，恰好相反。

——〔法〕A・波拿

自己受苦，或教他人受苦，

缺乏其中一項，戀愛便不存在。

——〔法〕雷涅

沒有錢而戀愛結婚，

會有愉快的夜晚和悲傷的白天。

——俚諺

女性最熾熱深愛的，

往往是初戀情人；

但是愛得最體貼的，

卻是最後一個情人。

——〔法〕A·布列福

愛是自己有所獲得，

愛是不惜去奪取。

被愛的人雖有東西被奪取，

但最奇怪的事是，

他並不覺得有東西失落。

而付出愛的人，

卻一定有所得。

——〔日〕有島武郎

若非過度的思念便不美。

一個人若不去思念，

便不可能全心地愛。

——〔法〕巴斯格爾

來到情婦處，

男人所做的事雖與和妻子所做的事相同，
只是方向恰好相反。

——〔英〕勞倫斯

長久以來，

人們一直使用著「戀愛」這個名詞，

正由於將「戀」與「愛」合在一起使用，

才使得這個名詞顯得如此隨便。

事實上，人大多在「戀」之後才結婚，

長久與這個女人在一起之後，

不知何故，「愛」便自然滋生。

——〔日〕小澤昭一

戀愛時，

人們的虛榮心很容易去輕蔑勝利。

任何型態的愛情，

均不該相信由男人所提出來的價值判斷，

因為它已經經過了誇飾。

——〔法〕斯湯達爾

朋友之間雖從未談及未來，

卻堅信彼此將再相見；

而情人之間則不斷地訴及未來，

但他們也明白根本沒有未來。

——〔法〕A・波拿

男女之間的感情，

不應該是一方壓迫另一方的狀態，
而應是雙方契合。

——〔日〕田村泰次郎

人自內心油然而生的愛情，

一生僅有一次，

那就是初戀。

往後多次的愛情，

就不像初戀那般地無意識了。

——〔法〕拉布魯那

戀愛永遠比結婚更叫人欣喜，

這與小說永遠比歷史更叫人著迷的道理相同。

——〔法〕夏弗

男女之間的感情，

在兩人單獨用餐三次後仍無結果，

便該放棄了。

——〔日〕小津安二郎

治療相思病的藥物有數種，

但並不一定有效。

——〔法〕羅斯福格

談情說愛的人，

無非是在出賣自己的靈魂。

——〔法〕葛林

你的唇上有苦味，是血嗎？

……不，

也許那是戀愛的滋味，

不是有人說過：

愛是苦澀的。

——〔猶太公主〕莎樂美

女性的愛，

完成於將自己奉獻給對方之後；

而男性的愛，

卻必須在奪取中才會完成。

兩個飽含戀愛意識的人，

精神與精神之間會產生濃郁的分泌物，

這有時比肉體關係更加熾烈。

——〔日〕吉行淳之介

男人一生最大的悲劇，

就是誤解女性。

——〔日〕三島由紀夫

・吉伯和喬治・援手

虛榮比愛情更教人墮落。

——〔法〕德凡夫人

大體上而言，

戀愛只不過是追求性的滿足。

就這一點好色的需求而言，

人類與動物並沒有什麼兩樣。

但最奇怪的是，

這種自然的衝動，

不僅不會令人類產生盲目的行為，

反而可引燃不比肉慾需求度低的熾熱感情。

它使得人們產生對較高的審美觀的憧憬，

與渴望高尚道德情操的世界。

而這正是人與動物不同的地方。

——〔法〕羅斯福格

酒自唇邊過，愛從眼中人。

——〔愛爾蘭〕葉慈

當我們對愛情厭倦時，

對方若有不忠的表現，

心中必定暗自竊喜，

因為自己也想從節操中獲得解放。

——〔法〕羅斯福格

真實的預感，

往往在我們想像不到的地方形成，
以致於做出了意想不到之事。
──〔法〕R・拉第格

愛一個人，但未被愛，的確令人難受；
但是，與已失去愛意，
卻仍被愛相比，又不算上什麼。
──〔法〕庫爾特林

「愛」，並不是被有魅力、很美的東西吸引。
如果是因為魅力和美而被吸引，
稱之為「熱情」，這與「愛」無關。
「愛」往往由捨棄後開始。
被深具魅力的事物吸引，
這是任何人均有過的經驗，
但想捨棄已退色的事物，
更需要勇氣。
因為愛情往往在逐漸褪色之際，
方才開始。
──〔日〕遠藤周作

因為擁抱了愛，才有悲傷。
──〔法〕A・卡繆

面對一個絕無法對他微笑的人，

又如何去愛他？

——〔法〕A・莫洛亞

人間的愛，

如果純粹是愛，

絕無法長久。

在某種意義下，

必須有「信」的成分存在。

——〔日〕龜井勝一郎

愛情有時和貓一樣，

喜歡四處流浪。

人人都曾被它擊敗過，

但卻又終其一生無止境地去勾搭。

——〔法〕莫利斯・維安

愛情對男人而言，

只是生活的一部分。

但對女人而言，

卻是一生的全部。

——〔英〕拜倫

世上的確有美滿的婚姻，

但卻很少有快樂的婚姻。

——〔法〕羅斯福格

二十幾歲的愛情是幻想；

三十幾歲的愛情是輕佻；

人到了四十歲才會明白，

原來真正的愛是柏拉圖式的愛情。

——〔德〕歌德

如果世間所有的女性都有著相同的臉孔、相同的心，

男人絕不會有不忠實的行為，更不會有談情說愛的情緒。

——〔義〕沙諾瓦

能搔動男人之心唯一的愛情法寶，

就是一顆關懷、體貼之心。

而男人往往臣服於它。

——〔希臘〕米南德

沒有愛的悲劇，

其悲劇的存在，

就在於沒有愛這件事情上。

——〔德〕廸絲嘉

愛這件事如同賭命一般，

而且一般認為並不太樂觀。

——〔日〕太宰治

如果男人知道女人獨處時如何打發時間，
絕對不敢結婚。

——〔美〕歐‧亨利

愛情像火一樣，
如果無法不停地燃燒，
便難以持續；
如果害怕失去的感覺不在時，
愛情之火便已熄滅。

——〔法〕羅斯福格

無論是愛情或友情，
對我而言，都是極富熱情的事。
但實際上，男人給了我什麼？
這件事在和他交往時，根本無從知道。
不管是瞬間即逝的男人，
或曾在一起過日子的男人，
令我有所感覺，
或明白其在我心中的份量，
往往是在他們一一離去時。

——〔法〕金莫洛

正在熱戀中的人，

對什麼都不會太在意。
因為他體會到那些不沉溺於愛情中的人所不懂的美。

——庫利爾

我們已知道無法分離，
但他還能活多久，
只有神知道。
當兩人互相需要時，
分離而過日子，
實在令人瘋狂。
讓他幸福，
對我而言，
不也是幸福……
——〔美〕伊麗莎白泰勒

碰到可口的男人，
隨時都有危險。
也許會被他拋棄，
也許事業不太順利，
也許有人會指指點點……。
美味可口的男女關係相當危險。
安全的男女關係，
不可能可口美味的。
——〔日〕犬養智子

已婚者與單身漢的區別，

就好像已裝訂完成的書和暫時裝訂的書。

──〔德〕雷納

這真是非常美的故事，

在鋼琴伴奏下，

從各種女人口中聽到一些故事。

但每一個女人的故事，

必定由「有一個男人……」開始。

──〔電影「北非諜影」的酒店老闆〕立克

男人如果和女人交往，

便無計可施。

人生就是如此，

無法斷定哪一方有罪。

──〔歌巴拉的女人〕伊魯達

女人表示喜歡男人時，

還無所謂。

但如果說是愛男人，

那就必須小心了。

──〔不信任男人的老處女〕史黛拉

訂下結婚的契約後再談戀愛，

就如閱讀小說先看結尾一般。

——〔法〕莫里哀

談情說愛時，

先以欺騙自已開始，

再以欺騙對方結束，

這就是俗稱的羅曼史。

——〔侯爵〕伊凌史瓦

哦！只有神知道，

女人就該過著女人的生活，

男人過著男人的生活，

然後互相拉著對方，

走向絕對錯誤的方向。

——〔電影「窈窕淑女」男主角〕希金斯

結婚根本沒什麼意思，

因為一直至死為止，

都必須遵守著夫妻間無意義的約束。

這些約束又有誰能做到呢？

就好像明天會吹什麼風，

連神也不知道。

——〔美〕米亞法蘿

女人的工作是儘量早點結婚；
而男人的工作，卻是儘量不結婚。
—〔英〕蕭伯納

女人，將自己生活中的事情，
都擺在手掌心中。
男人，則將這些裝在腦子裡。
——*湯姆的媽媽*

選妻子，與其用耳朵不如用眼睛。
——*俚諺*

結婚，就如同鳥籠一般，
外面的鳥一直想進入；
而裡面的鳥，
都一直掙扎著想往外飛。
——〔*法*〕蒙田

即使無成文規定的婚姻，
戀愛還是有其道德性存在。
但如果不經戀愛而結婚，
就缺乏道德。
——〔二十世紀女權運動思想家〕凱伊

所謂幸福的婚姻，

就是雖然可以隨時離婚，但卻不想去辦手續。

——〔日〕大庭皆子

如果有人問我：

結婚好？或不結婚好？

我想我會回答：

無論結婚或不結婚，都會後悔。

——〔紀元前五世紀希臘哲人〕蘇格拉底

為何會與你相遇？

為何與你生活在一起？

仔細想來，實在荒謬可笑！

——〔日〕小根高二郎

夫妻間的對話，

應像進行外科手術一般地慎重。

有些夫妻就因為過於誠實，

連健康的愛情也要動手術，

以致於愛情因而凋零。

——〔法〕A‧莫洛亞

結婚的人是傻子，不結婚的人更傻。

——〔英〕蕭伯納

如果害怕孤獨，

就不要結婚。

——〔俄〕契訶夫

彼此間的接觸，

如果希望生氣蓬勃，

便必須不受限制，

這是無可置疑的道理。

並不是只和哪個女人結婚，

便能圓滿解決。

結婚這種事，

只不過是迴避接觸、抹殺接觸的愚蠢處理方式之一。

——〔英〕勞倫斯

為什麼甜密的痛苦變成了愛，

終於把我們推向結婚的港口，

我真想知道這是怎麼一回事？

其實，這是很有道理的事。

受了傷的情人，

必然很想和被取走的肉體在一起。

——〔英〕雅各·卡斯

我們所欣賞的女人，

她們的丈夫看起來永遠像傻瓜。

——〔英〕G·費得

愛與恨，

其實是一樣的。

只是前者較為積極，後者略徵消極而已。

—— 漢斯・葛羅斯

女人隨著年齡的增長，

會順從的做些女人讓做的事。

但是男人隨著歲月的流逝，

會越脫離女人的範疇。

—— 〔俄〕契訶夫

結婚就是個賭局。

我的鬥志雖強，但賭運卻很差，

更何況我根本不喜歡賭博這碼子事。

因此，拿我的一生去賭，我覺得毫無意義。

看看我的命運，

不幸的婚姻比美滿的婚姻多得多，

因此，針對結婚而言，

不結婚的情況要好得多了。

—— 〔日〕曾野綾子

想和自己鍾愛的女人長久生活在一起，

有一種祕訣——那就是別想去改變對方。

—— 〔法〕查爾頓

嫉妒經常與愛同生並存，

但不一定和愛一起死亡。

——〔法〕羅斯福格

如果你有一位好妻子，
你將終生幸福。
如果你有一位惡妻，
你可以成為哲學家。

——〔西元前五世紀希臘哲人〕蘇格拉底

理想的男女關係，
我認為應該是在「不知不覺中」進行。
不知何時、何地，兩人相遇了；
不由自主地，兩人結婚了；
不知不覺地，兩人都上了年紀。
待有所覺時，已在為對方送終。
我認為，這種關係最為美好。

——〔日〕田村隆一

夫妻能長久共同生活的祕訣，
就是在一起的時間越少越好。

——〔美〕保羅紐曼

嫉妒，

會使平生不思考的人也開始思考。

——〔日〕三木清

嫉妒的人，

並不是有理由才產生懷疑，

只因有些疑問便開始懷疑。

而嫉妒正是自己產生、自己成長的怪物。

——〔奧塞羅〕劇中苔絲蒙娜的侍女

欲望越少便越幸福，

這句話自古以來即被奉為至理名言，

但卻是錯誤的真理。

——〔德〕利貝爾克

世上再沒有比友情和情慾更加友好的關係。

——〔日〕赤塚不二夫

同樣的事，

如果做到他人認為能做到的界線，

會被認為是幸運。

但是，如果超越了界線，

便會遭人嫉妒，並投以懷的眼光。

——〔紀元前五世紀雅典的政治家〕培里克利斯

「色」的最高境界

——不弄皺床單，便能讓女人達到高潮。

——〔日〕左衛門

毫無嫉妒之心，

單純地為朋友的成功而高興，

如此性情者，世上絕無。

——〔紀元前五世紀希臘的悲劇作家〕艾斯克勒斯

他人的感知和自己的感知，

其間無從比較。

別人最強烈的痛苦，

對我們而言，的確沒有什麼。

但我們能感受到快樂的最微小的騷動，

卻能教自己心動。

——〔法〕M・德沙特

為什麼將「性」看做是壞事？

就思想上而言，

除了宗教性的理由之外，

應該毫無根據。

沒有根據的壓抑和自我否定，

這正是人類逐漸衰退的原因。

——〔日〕栗田勇

女性，是為了被愛而存在；
並非希望被理解而存在。
——〔英〕王爾德

友情，是女人擅長使用的一句話。
因為它能招來愛情，或讓愛有空間。
——〔法〕聖·普烏

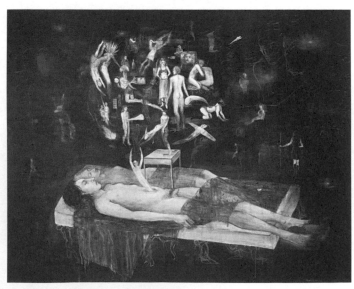

·皮克·席拉芬·愛情學校

想知道女人的缺點，

就在她女朋友的面前，極力地誇讚她看看。

——〔美〕富蘭克林

博得女性的歡心並不需要洋溢的才氣，

只要有她們所需要的才氣就行了。

——〔法〕雷涅

客套，正是女性軀體極為合身的衣裳。

——〔丹麥〕凱克哥爾

女人的心，無論是如何地悲傷，

也一定會留下足以容納客套及愛情的角落。

——〔法〕馬利佛

女人希望被愛，

並不是因為可愛、善良、高雅、文靜或聰明，

而是愛她的本身。

——〔瑞士〕愛彌兒

女性的共通點

——就算愛自己的男人有如野獸一般，
但只要被愛、被崇拜，便不可能不開心。
——〔德〕喬治

遊戲人生的男人，
在女人聚集的地方，
通常都是最幸福的，
因為女人正是很好的觀眾。
——〔法〕A·卡繆

女人因為她的優點而被愛，
這件事所有人都會同意；
但她們更喜歡的是，
那些因為她的缺點而愛她們的男人。
——〔法〕A·布烈福

勉強地把鋼索穿過針孔，
比想使女人沉默容易得多了。
——〔德〕可斯卜

女性往往對追求者不顧一屑，
反而對態度冷淡者趨附逢迎。
——〔瑞士〕席爾第

有三件事最能推動女人，

那就是利害、快樂和虛榮心。

——〔法〕狄特羅

女人比男人更容易哭泣，

而且，那些使自己悲傷的事，也比男人記得更久。

——〔法〕雷涅

男人的眼淚，

是在他覺得帶給對方痛苦時才流下。

而女人，卻是因為未充分予以對方折磨時，才流淚。

——〔德〕尼采

即使是貞操觀念很強的女人，

不知何故，在內心深處絕對擁有非貞節的成分。

——〔法〕狄特羅

不要去相信女人的貞節。

能不為這件事費心者，才是幸福的。

——〔俄〕普希金

女人越是服從，便越能掌握主權。

——〔法〕繆塞

貓和女人，

是你不叫喚也會過來的動物。

——〔法〕波多雷

男人會依照教科書上學得去做；

但女人卻不會，所以才會常常情緒反覆無常。

——〔日〕渡邊淳一

常論及女人者，

是對女人了解不充分者；

而常說女人的不是者，

對女人可說是完全無知。

——〔法〕M·魯布伏

在世界上，有許多值得去愛的女性，

但沒有一個是完美的。

——〔法〕雨果

第一位將女人喻為花的人是天才；

但第二個說同樣的話的人就是傻瓜了。

——〔法〕伏爾泰

女人即使曾被一百個男人所騙，

仍會去愛那個第一百零一個男人。

——〔德〕金克爾

美女和醜女，滿懷希望被承認為充滿知識；

但既不美也不醜的女人，卻希望被認為是美女。

——〔英〕柴斯特菲爾德

面對美女，日久仍會心生厭倦；

但面對善良的女人，無論如何絕對不會厭倦。

——〔法〕蒙田

男人對自己的祕密，

還不如對他人的祕密般忠實地三緘其口；

而女人還是覺得自己的祕密比他人的祕密更重要。

——〔法〕拉布魯耶

最好的男人全在單身漢中；

但是，最好的女人卻都已經結婚。

——〔英〕R・史蒂文生

美人的眼睛是天堂，

心是地獄，對錢包卻有如煉獄。

——〔法〕芬德尼

男人是虛無國度的庶民，
但女人卻是那裡的貴族。

——〔德〕A·艾爾曼

男人之間原本就互不關心；
但女人天生就互相敵視。

——〔德〕叔本華

對女人而言，
即使是善良的好女人，
如果遇見對自己肉體的誘惑具有抵抗力的男人，
是十分教人難過的事。

——〔法〕R·紀德蘭

對女人而言，

不被愛是不幸；已經不再被愛則是污辱。

——〔法〕孟德斯鳩

男人對愛情，

在他獲得肉體滿足的瞬間，便會降低，

因而認為其他女人，

都比他擁有的女人具有更高的魅力。

他希望有所改變。

但與此正好相反的是女人的愛情卻由此瞬間擴增。

——〔德〕叔本華

賢人絕對不說出他的女性觀。

——〔英〕S·巴特勒

由女人來看，

男人最大的缺點就是正因為他們是男人；

而對男人而言，

女人唯一的價值，

是因為她們是女人。

——〔法〕雷涅

當我說我了解女人時，

就表示我不了解他們。

——〔英〕W·M·薩克萊

男人從談情說愛開始，

最後才去愛女人；

而女人是從愛男人開始，

最後才談到愛情。

——〔法〕克爾孟

男人面對教養越好的女人，

越不會產生肉慾之念。

——〔英〕毛姆

女人往往與她們的母親相似，

而正是個悲劇。

——〔英〕王爾德

身為女人何其不幸，

如果身為女人，

卻未覺悟自己是女人之一，

就更加不幸了。

——〔丹麥〕凱克哥爾

與其說女性很有教養，

還不如說是被教養所污染。

——〔法〕F·摩里克

男人總是希望自己是女人的初戀情人；
而女人卻想成為男人的最後羅曼史。

——〔英〕王爾德

女人的眼淚是一生享用不盡的利器，
這是眾所皆知的事。
沒有眼淚的女人，
注定在人生的旅途中，
必須經常體會戰敗的苦澀。

——〔日〕佐藤愛子

男人有希望成為某個女人的情人時，
便不可能同時是她的朋友。

——〔法〕巴爾扎克

女人想對男人說不存在於心中的話，
一般而言並不太困難；
但要男人向女人說出自己心中所想的話，
卻是相當不容易。

——〔法〕拉布魯耶

不追求女人的男人，

將會成為女性追求下的被害者。

——〔英〕巴傑特

男人會全神貫注地去愛一個女人，

但對方不一定是他最想去愛的。

女人只會想到讓自己想到容光煥發的男人；

而男人卻只會記得為自己流淚的女人。

——〔法〕雷湼

男人總要求女人給予一切。

但是，當女人按照他所要求的去做，

將一生奉獻，

男人卻又視為負擔，

並因而感到痛苦。

——〔法〕包爾法

最令人討厭的事是——

我們不能和女人一起生活，

也不能沒有女人而生活。

——〔英〕拜倫

有妻子和孩子的男人，

就如同已將命運典當。

——〔英〕培根

即使是最愚蠢的女人，

也足以操縱聰明的男人。

但是，想操縱愚蠢的男人，

非得相當聰明的女人不可。

——〔英〕吉卜林

結婚一次是義務，

兩次是愚行，三次則是發狂。

——俚諺

惡徒的愛情比他們的憎恨更危險。

——俚諺

你們愛自己所愛的人，

那沒有什麼值得嘉許的，

即使是罪人也會愛自己所愛的人。

——聖經

男人的性格

至少有一半是受到女人的影響。

——〔日〕正宗白鳥

人生是無數欲求的連續。

換句話說，活著本身就已是在追求著什麼。

追求的是異性、是真理、是淨土、

是神、是知識、是黃金、還是名譽？

這些均非重點所在，

因為在追求這些東西的同時，

必須心中有熱情。

如果不以愛去追求事物，

得到了也無法用心去愛。

這是身為女人最大的不幸，

也是一種悲哀。

——〔日〕有島武郎

一便士的愛情能夠和一鎊的法律相匹敵。

——俚諺

當我們沒有自己所愛的東西時，

我們只有愛我們所擁有的東西。

——拉布丁

能夠計算的愛是貧困的。

—— 莎士比亞

如果說喜歡是沒有任何理由的話，
那麼憎恨也就沒有什麼依據了。

—— 莎士比亞

經常愛的人沒有空閑去發牢騷或變得不幸。

—— 朱貝爾

連一句都沒有說就過去了嗎？
啊！真實的愛就是這樣的。
與其用言詞來裝飾真實，還不如去實行。

—— 莎士比亞

愛，就是讓這世界變成花園的偉大守護神。

—— 史帝文生

有和煦的言語和善心，
即使只靠一線的愛，
也能夠拉動大象。

—— 沙迪

最愛是什麼，

只有在失去的時候才知道。

——俚諺

被親吻的時候，有的女人會臉紅，

有的女人會叫警察，有的女人會流汗，

有的女人會咬人。

但是，最壞的是會笑的女人。

——無名氏

真實的愛就像幽靈一樣，

人人都會談到它，

但是幾乎沒有人見過它。

——拉勞斯福吉

女人就像你的影子，

你只要一追她，她就會跑；

如果你離開她，她又會跟著你。

——香佛

女人會原諒很大的危害，

但是對於小小的侮辱，

絕不會忘記。

——哈里華頓

女人是謎，

能夠解開這個謎的關鍵是孩子。

——尼采

女人有三對眼睛：

手指對於布料的眼睛，

對於腦後頭髮情形的眼睛，

以及對整個頭和自己之外所有女人的眼睛。

——喀利

女人的推量比男人的實測要正確得多。

——吉普林

女人的理性力量較強，

是在告訴人們，

她們為何比男人更同情不幸的人。

相反地，也說明了為何她們的正義感比男人還要低。

——叔本華

女人就像異國的土地，

即使是在年輕的時候移居，

男人對於當地的習慣、政治和語言，

始終不會理解。

——派特摩爾

女人不是愛就是恨，

她不知道中庸。

—— 塞魯士

女人不希望因「為什麼」、「為何不」這些理由而被愛；
換言之，即不希望是因為美、善良、聰明等，
這些理由而愛她，
而是希望她是因她本身這個理由而被愛。

—— 亞米爾

女人十歲是天使，
十五歲是聖者，
四十歲是惡魔，
八十歲是魔女。

—— 俚諺

女人比男人更彼此相似。
女人實際上只有兩種熱情，
即虛榮心和愛情。

—— 柴斯特菲爾德

女人喜歡隱藏她們不知道的事情。

—— 俚諺

女人的舌頭在她的身體中，

是最後停止活動的部位。

—— 俚諺

這個世上有許多值得愛的女性，

但是完美的女性一個也沒有。

—— 雨果

不會說話的寶石雖然無言，

但是比活人講的話更能讓女人心動。

—— 莎士比亞

因戀愛而失戀的人，

比一次都沒有戀愛過的人還要好。

—— 丁尼生

最甜美的喜悅，最野性的悲傷——那就是戀愛。

—— 貝利

在戀愛的時候，

任何人都是詩人。

—— 柏拉圖

唯女子與小人難養也。

近之則遜，遠之則怨。

—— 孔子

情人之間會很小心地隱藏自己的缺點，
但是夫妻往往會表現自己的缺點給對方看。
—— 諾瓦耶夫人

愛情，如果是在已經不是祕密的時候，
就沒有什麼樂趣了。
—— 阿夫拉·賓

戀愛是愚者的智慧，
賢人的愚行。
—— 約翰生

愛情謀殺幸福，
幸福謀殺愛情。
—— 西班牙俚諺

愛情是盲目的，
但是愈遠卻看得愈清楚。
—— 義大利俚諺

愛情是幻想之子，

也是幻滅之父。

——烏納木諾

愛情在法國是喜劇，

在英國是悲劇，

在義大利是歌劇，

在德國則是普通的鬧劇。

——普萊辛頓夫人

在人一生所有的行動中，

愛情和別人的關係最少。

可是，卻是所有的行動中，

被別人干涉得最多的。

——塞爾丹

除了從我們身上奪去平靜之外，

愛情用各種方法取悅我們。

——德萊敦

在某一方面，愛情將野獸變成人類；

在其他方面，則將人類變成野獸。

——莎士比亞

結婚很容易，

但是要處理家務卻很難。

—— 俚諺

我無法取代的寶貝約瑟芬：

由於離你太遠，

因此這世界的一切就等於是曠野。

在這個曠野中，

我很孤獨……妳比任何人都深且強地俘虜了我的心，

妳才是我心的唯一主人。

用多麼奇異的魔力，

妳把我的力氣全部變成俘虜。

我靈魂的生活，

早已成為妳一個人所統治的地方。

為約瑟芬而活！

這就是我生活的全部……

—— 拿破崙（摘自「給約瑟芬的信」）

不能忘記判斷思考的情人，

就不是情人。

—— 湯瑪斯・哈蒂

「愛情是結婚的旭日，結婚是愛情的夕陽」

法國有這麼一句俗語。

—— 費諾

結婚

——就是無論用何種羅盤都無法發現航路的荒海。

——海涅

每天和藹可親地對待同一個人，

那是會消耗神經的。

——狄斯雷利

結婚是暴風中的港，

又往往是港中的暴風。

——無名氏

男人因為無聊才結婚，

女人則因為好奇心而結婚。

而雙方都失望。

——王爾德

結婚對男人而言，

世界會完全改變。

隨意去逛的路旁原野都沒有了，

只有一條又直又長的道路，

滿是灰塵，而且只通往墳墓。

——史蒂文生

結婚

—— 是男人賭他自由、女人賭她幸福的彩券。

—— 留夫人

實際上，在結婚戒子這麼小的圓圈之中，有太多的煩惱。

—— 席貝路

所有的丈夫都差不多，
但是為了使妳能夠區別起見，
所以就有不同的容貌。

—— 無名氏

把自己所知道的一切事物跟妻子講的丈夫，
是對於這些事物不太了解的男人。

—— 湯瑪斯、福勒

溫順無類的丈夫會造成狂暴無類的妻子。

—— 俚諺

耳聾的丈夫和失明的妻子，永遠幸福。

—— 俚諺

國家圖書館出版品預行編目資料

愛的花束／孫麗 主編 -- 初版 -- 新北市：
新潮社，2020.06
　　冊；　公分
　　ISBN 978-986-316-762-4（平裝）
1.格言

192.8　　　　　　　　　　　　　109003909

愛的花束

主　　編　孫麗
企　　劃　天蠍座文創製作
出　　版　新潮社文化事業有限公司
　　　　　電話 02-8666-5711
　　　　　傳真 02-8666-5833
　　　　　E-mail：service@xcsbook.com.tw

印前作業　東豪印刷事業有限公司
印刷作業　福霖印刷有限公司

總 經 銷　創智文化有限公司
　　　　　新北市土城區忠承路 89 號 6F（永寧科技園區）
　　　　　電話 02-2268-3489
　　　　　傳真 02-2269-6560

初　　版　2020 年 6 月